그대가 기도하고 싶다면 걸으라!

걷는기도

걷는기도

글사진_남호

예손

걷는기도

제1판 1쇄 인쇄 2010년 9월 17일
제1판 1쇄 발행 2010년 9월 27일

지은이 : 남 호
펴낸곳 : 예 손
북디자인 : 남 훈 (017-260-0891)

출판등록: 2009년 7월 7일(제301-2009-131호)
주소 : 서울시 중구 인현동2가 192-30 신성상가 413호
전화 : 02-921-3267 팩스 : 02-2264-3264
전자우편 : naya935@hanmail.net
출력·인쇄: (주)아름다운인쇄 종이: (주)정인페이퍼

ⓒ 남호, 2010

ISBN 978-89-962882-1-3

* 책값은 표지 뒷면에 있습니다
* 잘못 만들어진 책은 바꾸어 드립니다.
* 이 책의 내용과 사진을 저작권자와 출판사의 허락없이 전부
  또는 일부를 어떠한 형태로든 인용 복사하는 것을 금합니다.

우리에게 평화를 주십시오

하나님이 그 지으신 모든 것을 보시니 보시기에 심히 좋았더라

머리글

그대는 발바닥이 부르트도록 아픈 지경에서도
멈추지 않고 먼 길을 계속 걸어가 본 적이 있는가?
있다면 왜 그렇게 걸었는가?
그대는 산소 부족으로 인해 숨이 턱 밑에 차오르는
해발 삼천 미터 이상의 고산 길을 걸어 본 적이 있는가?
있다면 무엇을 느꼈는가?

    길을 걸으며 새로운 것을 접할 수 있고 많은 일을 겪으며, 생각을 하고 망상에 잠길 수도 있다. 그러나 종교적으로 말하면 걷는 것이 바로 기도이다. 기도의 내용은 다를지언정 길을 가는 자는 기도하는 사람이다. 하여 내 나름대로 걸었던 길로 그대를 초대하여 나의 기도를 같이 나누고 싶다.

    2009년 여름 휴가 동안 무거운 배낭을 짊어지고 백두대간 가운데 무주의 덕산재에서 추풍령을 거쳐 상주의 화령에 이르는 구간을 홀로 걷고 돌아오니 출판사를 경영하는 지인이 책을 쓰라고 자극을 준다. 권유하는 주제와 제목은 '걷는 기도.' 생소하다.

손사래를 치다가 곰곰이 생각해 보니 매우 신나는 일이 될 것 같았다. 마치 처음 가보는 미지의 길을 걷자고 유혹을 받는 것과 같은 매력과 신비감이 묻어나기 시작했다. 한번도 가본 적이 없는 어떤 지역을 가이드 없이 혼자서 가는 것이 때로는 힘들고 예상치 못한 일로 당황스럽기는 해도, 그 지역에 대한 정보를 알아보거나 그 지역의 지도를 보면서 머리 속으로 상상하는 일은 설레고 흥분되는 일임에는 틀림이 없다. 여행을 떠나도 단체나 패키지로 가기보다는 혼자서 자신만의 계획을 세워 배낭을 메고 마음이 끌리는 곳을 찾아다니기를 좋아했던 나에게 색다른 모험을 하도록 충동질(?)하고 있음을 느꼈다. 그다지 많지 않은 여행 경험이지만 그 동안에 다녔던 길들이 떠올랐다. 집을 나서면 보통 한 달 정도의 시간을 보내며 배낭여행을 하였던 인도 북부, 스페인의 까미노 데 산티아고, 멕시코와 페루, 네팔 히말라야 산맥의 안나푸르나 베이스 캠프와 에베레스트 베이스 캠프 등의 길이 생생한 영상으로 살아났다. 그 길은 혼자서 묵묵히 다니며 기도와 함께 걸은 길이었다. 온 몸을 움직이며 현장과 현실을 경험하기를 즐겨하는 나로서는 책을 쓰는 것이 그런 경험을 글로써 정리할 수 있는 좋은 기회라는 생각에, 들뜬 마음으로 처음 가는 길을 걷는 것처럼 감히 나설 용기를 갖게 되었다.

'걷는 기도'라는 말을 쓸 때, 그것은 통성기도나 관상기도와 같은 기도의 방법론이 아니며, 또한 무릎을 꿇거나 서서드리는 것과 같은 기도의 자세를 다루고자 하는 것이 아니다. 더욱이 어떤 새로운 형태의 기도 유형을 제시하고자 하는 것도 아니다. 기도란 종교적인 사람에게 있어서 삶의 일상적인 호흡이라고 할 수 있는데, 그런 호흡이 어떤 다른 순간이나 환경 가운데에서 조금 더 강하게 각인되며 경험하게 되는 사건을 사람들마다 가지고 있다. 세계와 인간의 근원인 절대적 존재와 보다 깊게 연결되는 순간을 온 몸으로 느끼는 것이다. 절대자를 경험하는 감동은 일상적인 삶의 자리에서도 느낄 수 있으며 바삐 움직이는 찰나의 순간에도 느낄 수 있고 무릎 꿇고 기도하거나 편한 자세로 앉아 명상을 하는 가운데 느낄 수도 있다. 나에게 있어서는 평지든 가파른 산길이든 한 걸음씩 걸으며 기도하는 것 또한 하나님을 진솔하게 대면하며 전적으로 하나님 안에 거하는 소중한 시간이 되었다. 물론 기도하기 위해 걷는 것은 아니며 걸어가는 동안 내내 기도하는 것도 아니다. 걷는 가운데 기도의 마음을 갖게 되고, 길든 짧든 기도를 하며 하나님의 창조의 영이 깃든 자연과 세상을 접하며 반응을 하게 되는 것이다. 반응은 다양하여서 말을 잃고 아무 생각없이 서 있기도 하고, 황홀감에 젖어 외마디 감탄사를 내뱉기도 하고, 노래를 흥얼거리기도 하고, 눈시울을 붉히거나 목이 메기도 하고, 울음을 터뜨리기도 한다. 그리고 길을 걷는 것을 마치고는 감사하게 된다. 길을 걷는 것은 기도와 연결되는 끈이자 하나의 매듭이었다.

걷는다는 것은 두 발을 교대로 뻗어 어떤 방향을 향해 나가는 몸 전체의 움직임이다. 걸으면서 보고 듣고, 냄새를 맡으며, 만나고 접촉하고 느끼며 세상을 경험한다. 따라서 걷는 것은 세상을 만나는 한 방법이다. 그러나 효율성을 중시하는 현대에서는 주변을 둘러싸고 있는 자연과 세계에 대한 관심과 시선을 두는 것을 어리석게 여기고 어떤 정해진 목표를 향해 경쟁적으로 돌진해 가는 것을 으뜸으로 여긴다. 하다못해 길을 따라 가는 것이 아니라 길을 제멋대로 만들어 나간다. 자연의 모습과 그 속에 깃든 생명은 곡선으로 나타난다. 아무리 곧게 자란 나무도 직선이 아니며 수직낙하를 하는 폭포수도 직선은 아니다. 자연의 흐름 또한 직선이 아닌 곡선이다. 구름이 떠가는 길은 곡선이고 물이 흘러가는 길도 곡선이다. 길도 직선이 아니라 곡선이다. 다만 목표지점에 빠르게 도달하고자하는 인간의 욕망이 길을 직선으로 재단했으며 그 위를 자동차를 타고 무서운 속도로 질주할 뿐이다. 걷기는 속도에 집착하는 현대의 삶이 우리에게서 빼앗아갔던 것들을 다시 만날 수 있는 기회를 제공한다. 그것도 인위적으로 만든 길보다는 자연이 품고 있는 길을 걸을 때 더욱 큰 가능성이 있다.

사람들은 현실 사회생활에서와 마찬가지로 종교적이고 영적인 생활에 있어서도 영혼을 떨쳐내고 팽개쳐 버리려는 듯이 직선주로를 빠른 속도로 달려 나간다. 속도전을 방불케 하는 현대의 신앙생활에서는 생각할 여유가 없고 깨달음의 깊이가 없다. 눈에 보이는 성과와 결과물을 만들어내기 위해서 유행에 휩쓸려가며 방향을 잡지 못하고 모순된 모습을 보일뿐이다. 한 가지 예로, 20세기 중반 미국에서

로큰롤이 등장했을 때, 교회는 청소년들을 현혹시키는 음악이라 하여 로큰롤을 금지시켰으며 후에 록 음악이 등장했을 때도 마찬가지였다. 그러나 지금은 젊은이들의 취향에 맞추기 위해서인지 예배 음악으로 사용하고 있다. 거대한 공연장에서 벌어지는 CCM(Contemporary Christian Music) 페스티벌에서 젊은이들이 격렬하게 몸을 흔들며 찬양하는 모습은 여느 록 페스티벌과 다를 게 없다. 음악의 어느 장르가 예배음악에 적합한지 적합하지 않은지를 말하고자 함이 아니다. 일 이십년 안에 교회의 판단이 바뀐 것은 무엇에 근거하는 것일까? 오늘날 교회는 신앙을 인간의 이성만으로 판단하는 것을 거부한다고 하면서도 인간 이성의 활동을 극대화시켜 효율성을 따지는 실용주의 정신을 추종하여 열심히 달려간다. 기독교 신앙은 인간의 욕망을 투사하는 것을 주저하지 않는다. 현수막이나 설교에 종종 등장하며 기도의 중요성을 강조하는 성서 구절이 있다. "무엇이든지 원하는대로 구하라. 그리하면 이루리라."(요한복음 15:7)는 말씀이다. 그러나 주님의 말씀을 반 토막만 가지고 장난을 치는 것 같고 왜곡된 해석을 줄 여지가 매우 많다. 중요한 것은 그 구절 앞부분인 "너희가 내 안에 거하고 내 말이 너희 안에 거하면"이라는 조건이다. 우리가 진정 예수 그리스도 안에 있고 또 그리스도의 말씀이 우리 안에서 살아 움직이고 있다면, 세상적인 욕심이 드러나는 기도를 할 수 있을까. 이기적인 집착을 드러내는 간구보다는 당연히 무엇이든 그리스도의 뜻을 따라 그 뜻을 성취하려는 기도를 할 수밖에 없을 것이다. 역설적으로 말해 아무런 기도도

할 필요가 없는 상태가 되는 것이 아닐까. 신앙적으로 말해 길을 가는 것은 길(道)에 자신을 온전히 맡기고 그 길(말씀, 로고스)에 거하는 것이다. 영적 깊이를 드러내는 신앙의 삶은 길을 따라 걷는 것과 같으며 그 모습은 물이 유유하게 흘러가듯 지극히 자연스럽고 거침이 없으며 끊임이 없다.

     인간이 이 세상을 살아가면서 행하는 것 가운데 거룩한 일들이 있는데, 나는 그 거룩한 행위로 기도하는 것, 씨를 뿌리고 가꾸는 것, 그림을 그리는 것(빛을 드러냄), 그리고 걷는 것을 꼽고 싶다. 기도는 거룩한 절대자를 향하고 그 절대자와 관계 속에서 이루어지는 것이므로 그 자체로서 거룩하다. 씨를 뿌리고 가꾸는 것이 거룩하다고 여기는 까닭은 다음과 같다. 세계와 자연은 인간이 만든 것이 아니며 오히려 세계와 자연 속에서 인간이 태어나고 만들어지는 것이다. 인간의 생명 또한 인간 스스로가 만들어 낸 것이 아니며 세계와 자연 속의 모든 생명도 인간이 만든 것이 아니다. 인간은 절대자가 허락한 땅에서 살며 그 땅에 씨를 뿌리며 열매를 거두고 산다. 비록 인간이 땀을 흘리고 노력을 하지만 생명이 자라고 열매를 맺는 것은 절대자인 신의 영역에서 이루어지는 일로서 신비 그 자체이며 거룩함의 다른 모습이다. 그러므로 진지하게 씨를 뿌리며 생명을 가꾸는 일은 거룩하다. 한편 이 세계와 자연에는 곳곳에 거룩한 신의 이미지가 배어있다. 화가는 그 이미지를 그려내는 사람이다. 그림을 그린다는 것은 어떤 사물과 사건을 보기 좋게 묘사하기 위해 단순히 선을 이어가거나 색을 칠하는 것을 의미하지 않는다. 그 사물과 사건을 대면했을 때의 감동과 사물과 사건 속에 깃들여 있는 빛을 드러내는 것이다. 빛이 없다면 세상은 캄캄하고 모든 사물은 검게만 보일 것이다. 빛이 있어서 아름다운 자연의 여러 색깔이 드러난다. 화가는 신이 창조해낸 그 색깔을 드러내기에 거룩하다. 초대교회의 예배 문서인 『사도전승(Apostolic Tradition)』(약 215년경 로마에서 작성됨)에 보면 세례를 받기에 부적합한 직업에 대해 서술하고 있는데, 그 가운데 "조각가나 칠하는 사람이면 우상을 만들지 않게 가르치고 그만두게 하거나 그런 일을 하는 사람을 거부해야 한다"라고 명시되어 있다. 그렇지만 오늘날 세계 어느 곳에서는 조각가나 화가에게 세례를 주지 말아야 한다고 주장하는 교회는 없다. 오히려 정확하게 표현하자면 그런 예술가들이 신이 주신 빛을 감동적으로 드러내도록 헌신하는 사람들이라고 할 수 있다. 자연과 사람 속에 깃들인 아름다움을 표현하는 것, 즉 신이 창조하시고 우리에게 보여주신 것을 빛과 함께 드러내는 것은 거룩하다. 또한 걷는 것이 거룩한 이유는 걷기는 사람들을 움직이는 힘이다. 걷는 것은 특별한 사람만이 할 수 있는 것이 아니고 누구나 할 수 있으며 누구에게나 베풀어진 은총이다. 거저 주어지는 것이기에 무가치한 것처럼 여겨질 수도 있지만 가치를 따질 수 없는 값진 은총이다. 마치 공기를 호흡하는 것처럼 말이다. 사람들은 움직이며 삶을 살아간다. 그 움직임 중에 걷는 것이 매우 중요한 부분을 차지한다. 인간이 태어나 어린 시절

걸음마를 배우는 것은 세상을 향해 스스로가 살아가고자 하는 의지를 키우는 것이다. 신이 각자에게 허락하신 삶이 숭고하다면 그 삶을 진솔하게 살기 위해 움직이고 걷는 것은 숭고하고 거룩하다. 인간이 할 수 있는 일들 가운데 여러 가지 거룩한 일이 있으되 기도하는 일이 거룩하고 걷는 일이 거룩하다면, 걸으면서 기도하는 일 또한 거룩하지 않을까. 기도라 하면 으레 가만히 앉아서 조용하게 혹은 소리를 내서 하는 것으로 여기고 있지만 온몸을 땅에 엎디거나 움직이며 기도하는 것이 기독교 역사에도 많이 등장한다. 따라서 걷는 기도는 거룩한 일이고 정중동(靜中動)을 추구하는 것이 아니라 동중정(動中靜)인 모습을 찾아가는 기도라고 할 수 있다.

  사람들은 일상적으로 걷던 길을 벗어나 다른 곳이나 다른 길을 가거나 걷고자 하며 그렇게 길 떠나는 것을 관광을 간다고 말한다. 관광(觀光)은 '빛을 보기' 위함이다. 길을 걸으며 많은 빛을 볼 수 있다. 평상적인 생활에 길들여 있던 것과 다른 익숙하지 않은 길을 걸으면서는 더욱 많은 새로운 빛을 느낄 수 있다. 물론 세상에 충일한 빛을 반드시 멀리 떨어져 있는 곳을 가야만 느끼는 것이 아니고, 경치가 좋은 곳을 걸어야만 감지하는 것은 아니다. 그렇지만 역사적인 사건이나 의미가 깃들여 있거나 위대한 자연의 모습이 강렬한 곳에 서게 되면 더욱 강한 감동과 느낌을 갖게 된다. 나에게 있어서 백두대간을 비롯해 한국의 멋진 산들이 감동을 주었지만 스페인의 '까미노 데 산티아고(Camino de Santiago)'라고 불려지는 800여km의 길과 네팔 히말라야에 있는 안나푸르나를 17일에 걸쳐 한바퀴 돌고(흔히 라운딩한다고 말한다. 영어로는 circuit) 안나푸르나 베이스 캠프(ABC라고 약칭. Annapurna Base Camp)에 다녀온 길, 그리고 한달에 걸쳐 네팔 히말라야의 고쿄리와 에베레스트 베이스 캠프(EBC)와 랑탕 지역을 홀로 걷고 온 길들이 마음속에 진한 감동으로 생생하게 살아나온다. 그런 나의 경험을 떠올리며 '걷는 기도'를 묘사하고자 하며 주로 언급하게 될 지역은 혼자 길을 걸었던 2006년 겨울의 스페인의 산티아고 가는 길 800여 킬로미터와 2007년 겨울의 안나푸르나, 그리고 2008년 겨울에 다녀온 네팔의 에베레스트 지역(쿰부)과 랑탕지역이다.

이 책이 나오기까지 도움을 주신 분들께 감사를 드린다. 책의 디자인과 편집, 출판을 하고 걸어다닌 지역들의 약도를 그려준 예손의 남 훈 실장, 안나푸르나의 쏘롱-라와 베시사하르의 사진을 제공한 안인철 목사님, 그리고 길을 떠나는 나를 위해 묵묵히 기도하며 후원해 준 아내 이영옥에게 고마움의 말을 전하고 싶다. 특별히 귀한 글을 사용하도록 허락하셔서 부족한 책을 깊이 있게 채워주신 최완택 목사님께 감사를 드린다. 민들레교회에서 목회를 하시는 최완택 목사님은 히말라야에 지대한 관심을 가지시고 여러 차례 안나푸르나와 에베레스트 트레킹을 하셨으며, 트레킹을 통해 얻은 깨달음을 교회주보인 「민들레교회이야기」에 감동적으로 기록하셨다. 목사님의 글 세 편을

이 책에 게재하게 됨을 영광으로 여긴다.

　　근래에 들어 건강에 대한 관심이 부쩍 늘어났으며, 건강을 위해 걷는 것이 매우 좋다는 이야기를 누구나 하고 있다. 그렇다고 해서 이 책이 그런 시류에 편승하고자 하는 시도는 아니다. 데이빗 소로우가 자연을 예찬하며 그 속에서 사는 삶을 즐겨했듯이 나는 길을 걸으며 하나님 품에 머물렀던 순간과 감동을 즐겨 기억하며 나누고 싶은 마음뿐이다. 양탄자는 씨줄과 날줄이 한 올씩 엮어져 가며 서서히 그 무늬를 드러낸다. 마침내 양탄자 전체가 완성되어 멋진 이미지가 나타났을 때 그 모습에 사람들은 경탄한다. 양탄자를 짜듯이 '걷는 기도'에 대해 시간적으로, 지역적으로 차이가 있는 것을 서로 교차시켜 가며 조화를 이루려고 노력은 하였는데 모든 사람들이 알아볼 수 있는 괜찮은 그림이 나온 것인지 사뭇 걱정이 앞선다.

　　나는 길을 걸었기에 행복하였고, 앞으로도 계속 걸을 수 있는 한 행복할 것이다.

2010년 4월 부활절에

걷는 기도 _ 머리글

1.
순례

레온(Leon)의 마르코스 광장에 있는 순례자상

사람들은 일상적인 생활 속에서 부대낌을 당한다. 나도 모르게 흥분하는 일이 생기기도 하고 걱정이 한숨으로 터져 나오기도 하며 다가올 일에 근심을 하거나 긴장을 하기도 한다. 날마다 보는 것, 듣는 것, 느끼는 것, 행하는 것이 육체와 정신을 편하게 하지 못하도록 한다. 요즘 표현으로 간단히 말해 스트레스를 받으며 살고 있다고 할 수 있다. 그 스트레스는 이 세상 삶을 살며 받는 것으로서 다른 사람과의 관계 속에서나 사회의 조직, 체계와 연관되어 나타나므로 사회적이다.

그런데 이와 같이 답답한 사회 구조로부터 벗어나고 싶은 바람을 누구나 한번 이상은 가져보게 된다. 얼마 전 텔레비전 광고에서는 '열심히 일한 당신 떠나라'고 하면서 소비자를 선동하기도 했다. 그 광고를 떠올리면 질문들을 계속 던지게 된다. 열심히 일한 사람만 떠날 수 있는가? 또한 떠난다면 어디로 갈 것이며 그곳은 참으로 좋은 곳인가? 질문은 더욱 확대되어, '떠날 것을 부추기는데, 떠나서 진정으로 돌아갈 집은 있는가?'라고 묻게 된다.

돌아갈 집.

돌아갈 곳을 생각하자, 갑자기 순간적으로 잠시 숨이 멎는다. 인생을 길에 비유하여서 걸어간 길의 그 어느 끝을 삶의 종착점으로 표현하기도 한다. 그래서 그 끝 지점이 좋은 곳이기를 바라며 열심히 길을 찾기도 한다. 마지막 지점을 사람에 따라 나름대로 규정을 하겠지만, 종교적으로는 초월적인 존재와 연결이 된다. 초월자를 믿고 사는 삶 자체가 순례자의 삶과 같으며, 그 순례자가 돌아갈 집은 초월적 존재 한 분뿐임을 고백하게 된다. 그런 순례자의 이미지를 현재의 삶 속에서도 구현하고 싶은 마음을 사람들은 갖고 있다. 신을 찾아 돌아갈 집의 의미가 무엇인지 온 몸으로 인식하기 위해 길을 떠나는 자가 순례자이리라.

하나님께서 이 세상을 지으시고 보시기에 좋다고 하시며 흡족해 하셨다. 이 세상 어느 곳이나 하나님의 손길이 깃들어 있다. 그러므로 어느 한 곳에 특별히 하나님의 특성이 나타나는 것은 아닐 것이다. 그러나 하나님을 경험한 사람들은 그 사건이 발생했던 장소에 의미를 부여하게 된다. 구약성경 창세기 28장에 보면 야곱이 그의 형 에서를 피해 하란으로 도망가는 길에 한 곳에서 돌로 베개를 하고 잘 때 꿈을 꾸는데, 그 꿈속에서 하늘에 닿은 사닥다리를 하나님의 사자가 오르락내리락 하는 모습을 보게 된다. 그리고 하나님의 음성을 듣고 잠이 깨어 "여호와께서 과연 여기 계시거늘 내가 알지 못하였도다. 이곳은 하나님의 전이요 하늘의 문이로다"(창 28:16-17)라고 고백하고 베고 자던 돌을 가져다 기둥으로 세우고 그곳 이름을 '벧엘(하나님의 집)'이라고 붙였다. 자신의 경험을 기억하고 기념하기 위해 이름을 붙이며 의미를 부여함으로써 그 이후로 그곳을 지나는 사람들은 그 사건을 떠올리며 하나님의 존재를 더욱 가깝게 느낄 수 있을 것이다. 예수 그리스도께서 이 세상에 살면서 행하신 많은 사건들, 특히 죽음과 부활에 관계된 사건들은 사람들에게 특별히 기억되어 순례자들이 그 사건들이 있었던 장소를 끊임없이 찾기도 하였다.

    시시때때로 숭고함을 느끼고 체험하기를 바라는 구도자는 자신이 머물고 있는 곳을 떠나 길을 걷게 된다. 산이나 들판, 마을 어느 곳이나 가능하지만 의미부여를 할 수 있는 곳을 목적지로 삼아 길을 가게 된다. 목적지에 서둘러 도착하는 것이 목표가 아니라 목적지까지 가는 길을 통해 하나님을 깊게 경험하는 것이다. 따라서 순례에서는 걷기를 속죄와 정화의 상징으로 정의할 수 있다. 많은 것을 떨쳐 버리고 깨끗하게 되는 길이다. 때로는 기대하지도 않고 모르고 떠났지만 길을 걸으며 크고 작은 많은 것을 깨닫게 되어 가슴이 터질 것 같은 경험을 하기도 한다. 그러므로 목적만큼 길이 중요하다. 순례의 걷기는 우주의 리듬에 맞추는 것이고 그 리듬에 빨려들어 가는 것이다. 달리 말해 하나님과 함께 호흡하는 것이다. 그래서 순례자는 신전이나 성전에 들어가듯이 길을 간다. 불가(佛家)에서 도량을 중시하며 탑돌이를 하는 것도 순례와 다름이 없을 것이다.

지상의 모든 길에 이름이 붙어 있으며, 그 중에서도 사람들이 특별하게 의미를 붙이는 길들이 있다. 종교적 영역에서는 순례의 길이다. 기독교에서 순례와 연관된 유명한 장소와 길이 있다. 그 가운데 예루살렘 성지를 향한 순례의 길이 대표적이며 로마를 향한 길도 그에 버금간다. 그리고 한국인에게는 비교적 익숙하지는 않은 길이지만 유럽인들은 스페인의 산티아고(Santiago)를 향한 순례의 길을 매우 비중 있게 다룬다. 파울로 코엘로(Paulo Coelho)는 『순례자』에서 카드의 문양을 사용하여 예루살렘의 길을 하트의 길이자 성배(聖杯)의 길로, 로마의 길을 클로버의 길로, 산티아고의 길

까리온(Carrion)에 있는 순례자상

을 스페이드의 길로 묘사고 있다.

산티아고는 예수의 제자 가운데 '聖(St.) 야고보'(세배대의

아들이며 요한의 형제인 큰 야고보)를 스페인어(산트 이야고)로 표기한 것이다. 성 야고보가 순교하여 그 시신이 묻혀있는 곳으로 전해지는 도시가 산티아고다. 9세기부터 산티아고를 향한 순례가 시작되었으며 12세기에 절정을 이루어 유럽 각지에서 순례자들이 자신의 집으로부터 부활절이 지난 후 출발하여 성 야고보의 축일인 7월 25일에 맞추어 산티아고에 도착하곤 하였다. 그 후 순례자의 수가 감소하며 쇠퇴하던 산티아고의 길은 교황이 1982년에 산티아고를 방문한 것을 계기로 1987년에 유럽연합이, 그리고 1993년에 유네스코가 문화유산으로 선포한 이후 방문자의 수가 늘어나고 있다. 스페인어로 '길'은 '까미노(camino)'라고 한다. 그래서 산티아고에 이르는 순례의 길을 '까미노 데 산티아고(Camino de Santiago, 산티아고의 길)'라고 부른다. 그 길의 루트는 몇 가지 있지만 프랑스 국경에서 피레네 산맥을 넘어 스페인 서쪽 끝부분에 있는 산티아고까지 약 780여 킬로미터를 걸어가는 프랑스길(Camino Frances)이 대표적이다.

'까미노 데 산티아고'의 존재에 대해서 알게 된 후, 그에 대한 강한 매력을 느꼈고 언젠가는 한번 그 길에 서 봤으면 좋으리라는 기대를 갖고 있었다. 그런 바람을 실행에 옮길 수 있게 되어 무거운 배낭을 짊어

산티아고 입구에 있는 표지석

지고 2006년 12월 중순에 길을 나섰다. 고행이라고도 할 수 있는 800킬로미터 가까운 길을 한 걸음씩 내딛으며 육체적으로나 정신적으로 경험할 수 있는 모든 것을 받아들이고 그 가운데 어떤 의미가 있는지 알아보고 싶었다. 물론 순례라는 것을 전제로 하여 길 위에서 하나님의 동행을 강하게 느끼고 하나님께 깊게 기도하여 나를 정화시키고 삶의 의미를 새롭게 깨닫고 싶었다. "여호와여, 나를 살피시고 시험하사, 내 뜻과 내 마음을 단련하소서"(시 26:2)라는 말씀이 길을 걸으며 떠올린 화두의 하나였다. 그와 동시에 지금까지 살아오면서 사람들과의 관계 속에서 많은 상처를 주기도 하였고 또 받기도 하였는데, 상처를 주었던 것에 용서를 구하고 상처받았던 것을 용서해 주는 것을 통하여 그 모든 것을 치유하고 회복시키고 싶은 마음이 간절했다. 영혼과 육체 모든 것의 치유와 회복이 기도의 제목이기도 했다. 아픔과 분노와 절망으로부터 벗어나고 진정 자유로워지는 것이 참된 치유와 회복이라고 믿고 기도하며 떠난 길이었다. 그렇다고 그 길이 신앙적으로 훈련이 된 엄청나게 특별한 자들만 걸을 수 있는 길도 아니었다. 코엘로가 『순례자』에서 쓴 것과 같이 "비범한 것은 평범한 사람들의 길 위에 존재한다는 것"을 절절하게 느낄 수 있는 길이었다.

산티아고로의 길을 걷는 사람들을 '순례자'(스페인어로 '뻬레그리노', peregrino)라고 부른다. 여름철에는 많은 사람들이 몰려 (2006년 7월과 8월에 2만이 넘는 사람들이 지나갔다고 한다) 지나는 길의 마을마다 있는 숙소인 알베르게(alberge)가 차고 넘친다. 겨울철

산 로케(San Roque, 해발 1270m)
고개마루에 서 있는 순례미사

의 양상은 정반대다. 알베르게의 수용인원이 열댓 명으로부터 100여 명이 넘는 곳까지 그 시설과 규모가 천차만별이지만 겨울에는 100명을 수용할 수 있는 큰 규모의 알베르게에서 5-6명이 머물다 가기도 한다. 커다란 알베르게에서 혼자 잠을 잔 적도 많다. 길에서 만나거나 같이 걷게 되는 사람도 거의 없다. 홀로 걷는 길이다. 외로움은 고통이 될 수도 있으나 나 자신과 대화를 나누는 데 있어서는 훌륭한 조건이 된다. 동시에 길 위에 펼쳐진 경관을 감상하고 느끼는 데에도 적절하다. 동행하는 사람이 있어서 대화를 주고받으며 길을 걷다보면 상대방이나 대화 내용에 집중하게 되어 중요한 순간들을 놓치기 십상이다. 길을 가다 목적지가 같은 낯선 사람을 만나는 경우에도 상대방에 대한

사아군(Sahagun) 알베르게 앞에 있는 순례자상

배려를 하느라 힘이 들 때가 종종 있다. 사람들이 몰리지 않는 겨울철의 까미노는 춥고 힘들지만 걸으며 명상이나 혹은 잡다한 생각과 기도를 하는 시간을 더욱 많이 가질 수 있어서 좋다. 겨울길이 추운 것처럼 숙소인 알베르게도 난방이 되지 않는 곳이 대부분이어서 불편하기도 하다. 겨울용 침낭 등 방한 장비를 갖추어야 하므로 배낭이 자연히 무거워 질 수밖에 없다. 인생길과 마찬가지로 순례의 길도 짐을 가볍게 하여 몸과 마음을 비우고 가는 것이 쉬우련마는 그렇지 못한 겨울의 현실이 나를 안타깝게 하기도 하였다.

순례자에 대해 사람들이 떠올리는 이미지는 낭만적이다. 기독교 복음 찬송 등에 나타난 모습은 멋있다고 여겨지기까지 한다. 그러나 실제에 있어서 겨울의 길을 걸어가는 순례자는 그렇지 못하다. 길을 가다 점심을 길에서 먹는 경우가 대부분인데, 바람이 불지 않고 따사로운 햇살을 받으며 먹을 때는 소풍나온 기분이라도 들지만(태양의 나라 스페인답게 해가 짧은 겨울에도 한낮의 양지바른 곳은 낮잠을 자고 싶은 충동을 불러일으킨다) 겨울의 찬바람 속에서 딱딱한 바게트 빵에 버터를 발라 먹을 때면 나 스스로가 처량해진다. '무엇 때문에 겨울바람이 부는 날, 찬 바닥에 앉아 빵에 버터를 발라서 먹고 있는 가?'는 질문과 함께 이 땅에서의 인생 자체가 노숙자의 삶이라는 생각에 갑자기 눈물이 솟구치기도 한다. 눈물은 기도로 이어졌고 기도 내용은 키리에 일레이존(kyrie eleison, '주여 나를 불쌍히 여기시옵소서')이었다. 멋진 수식어를 동반한 어떤 위로의 말보다 주께서 나를 불쌍히 여기시고 자비를 베풀어 달라고 입술을 달싹이며 단순히 읊조리는 것이 큰 평안을 느끼게 해주었다. 길을 걸어가는 동안 주님께서 나의 방어기제를 해체시켜버리셨는지 눈물이 나도 모르게 자주 쏟아졌다. 기도하며 울었고 작은 것에도 감동해서, 그리고 외롭고 힘들어서 눈물은 저절로 넘쳐흘렀다. 그래도 홀로 가는 길이어서 어느 누구의 눈치를 볼 것 없

시르가(Sirga)에 있는 순례자상

산티아고 성당

이 나의 모든 것을 활짝 열어 놓을 수 있어서 진정 자유로웠다. 순례는 결코 낭만은 아닌 것이다.

　　순례자임을 절감하는 것은 길 위에 있음을 느끼는 순간이다. 길은 크고 작은 산과 구릉들, 넓은 벌판, 마을과 도시를 지난다. 어느 곳이든 영원히 머무를 수 없음을 안다. 가이드북의 도움으로 그날 밤에 머무를 숙소를 찾아가지만 반드시 열려 있다는 보장은 없다(겨울에는 순례자 수가 적어 폐쇄되는 곳이 많다). 숙소가 닫혀있으면 숙소가 있는 다음 마을까지 3,4km나 멀 경우 10km를 더 걸어갈 수밖에 없다. 겨울에는 해도 일찍 지기 때문에 서둘러 잠잘 곳을 마련해야 한다. 2006년 12월 24일은 주일이었고 성탄절이 월요일로, 스페인은 연휴 기간에 대부분의 수퍼마켓이나 상점, 음식점들이 문을 닫는다. 까미노의 출발지인 프랑스 생장피드포르(St Jean Pied de Port)로부터 7일 동안 걸어 180km를 온 나바레떼(Navarrete)에서 아침 일찍 길을 떠나 37km를 걸어 산토 도밍고(Santo Domingo de la Calzada)에 저녁 6시가 넘어 도착했다. 겨울일 뿐만 아니라 연휴기간이어서 중간에 마땅히 머물만한 큰 도시가 없어서 해가 떨어져 어두워진 길을 계속 걸어야만 했다. 산토 도밍고는 닭과 관련된 전설이 있는 곳으로 이와 비슷한 내용의 이야기가 포루투갈을 비롯해 유럽에 많이 있다. 14세기에 부모들과 함께 순례의 길에 나선 독일 청년은 이곳에 머무는 동안 한 아가씨의 구애를 받아들이지 않고 거절해버렸다. 몹시 화가 난 그 아가씨는 은잔을 그 젊은이의 여행 자루 속에 몰래 숨겨버렸고, 결국 젊은이는 도적질한 죄로 붙잡혀 교수형에 처해졌다. 그 부모들은 매우 심란했지만 산티아고까지의 순례를 계속하여 마쳤다. 그리고 돌아오는 중 산토 도밍고에 이르렀을 때 놀라운 모습을 발견하게 되었다. 그때까지도 교수대에 달려있던 그의 아들이 살아있는 것이었다. 부모들은 마을의 군주에게 급히 달려가 이 놀라운 사실을 말했다. 그러나 저녁 식사를 시작하려던 그 군주는 비웃으며 대답하길 그들의 아들이 살

프랑스 생장피드포르

알베르게 벽에 그려진 그림

까리온 알베르게 간판

아있다는 것은 불가능한 일이지만 저녁 식탁에 올려진 구운 통닭 두 마리가 살아나는 것보다는 쉬운 일이라고 하였다. 그러자 기적과도 같이 수탉과 암탉 두 마리가 접시에서 뛰어올라 살아나 울기 시작했다. 그리고 독일 청년은 풀려나는 것으로 이야기는 끝을 맺는다. 그래서 이곳에서 닭 우는 소리를 들으면 행운이 있다고 한다.

　　　　길이 어두워 표지판이 보이지 않아 힘들게 산토 도밍고의 알베르게를 찾아가 보니 문은 잠겨 있고 아무도 없다. 크리스마스 이브에 찾아오는 사람이 없을테니 관리자가 있을 리가 없었다. 길에는 축제를 즐기기 위해 바삐 오가는 사람들이 많다. 알베르게 맞은편에 카페가 하나 있어 들어가 보니 사람들이 바글거리고 담배연기가 메케하게 차 있었다. 카페에서 일하는 청년에게 영어로 알베르게에 어떻게 들어갈 수 있느냐고 물어도 말이 통하지 않는다. 다른 손님들도 모르기는 마찬가지이다. 사람들은 성탄 분위기로 신이 나 있지만 나는 지치고 다리가 아플 뿐아니라 잠자리를 확보하지 못했기 때문에 당황함과 불안 속에서 힘들어 하고 있었다. 알베르게 문 앞에 전화번호가 적혀 있으나 언어 소통에 문제가 있을 것 같아 고민을 하다가 결국은 파출소를 찾아갔다. 경찰과도 역시 영어는 통하지 않았지만 내가 아는 스페인 단어를 조합해 "나는 순례자인데 알베르게가 닫혀있다(소이 뻬레그리노 알베르게 쎄라도)"고 말을 했다. 상황을 감지한 경찰이 관리자에게 전화를 했고 그 경찰과 함께 알베르게 앞에 가서 한 동안 기다리니 중년 여성이 나타나 알베르게 안으로 나를 인도했다. 매우 친절

산토 도밍고 성당

한 여자다. 알베르게는 난방이 잘 되어 있고 샤워시설이 훌륭하고 부엌이 있다. 넓고 좋은 알베르게를 나 혼자서 사용하게 되었다. 샤워와 빨래를 하고 저녁식사를 위해 스파게티를 만들고 있는데 관리하는 여자가 자신의 아들과 딸인 두 청년을 데리고 다시 나타났다. 언어소통에 문제가 있었기에 영어를 할 줄 아는 자녀들과 함께 온 것이다. 알베르게 사용과 다음 날 떠날 때 문단속을 하는 방법 등에 대해 그 자녀들을 통해 일러준다. 그리고 자신들의 저녁식사에 나를 초대하고 싶다고 하였다. 그 여인의 집에 가서 제대로 된 맛있는 성탄절 음식을 먹고 싶었지만 시간을 많이 쓸 것 같아 정중히 사양을 했다. 세심한 배려를 해주는 따뜻한 마음

산토 도밍고 곁가의 작은 기도처 내부

을 성탄절 전야에 성탄 선물로 받은 것이다.

후에 길에서 만난 다른 순례자에게 숙소에서 혼자 잔 적이 많다고 하자 무섭지 않았느냐는 질문을 받았다. 그러나 무서움보다도 잠을 잘 수 있는 곳이 있다는 사실에 안도했으며 감사하는 마음이 앞섰다고 대답을 했다. 숙소에서 머무른 후 날이 밝으면 다시 짐을 싸 길을 떠나야만 한다. 하루하루 매순간 하나님이 동행해 주실 것을 찾고 간구할 수밖에 없는 순례자의 삶이었다. 그래서 인생은 순례와 같다고 하는지 모르겠다. 길을 가며 하나님의 숨결을 경험하고 하나님께 기도하는 것이 하루하루를 살아가는 삶과 같다. 힘이 들지만 나의 영혼이 맑아옴을 느끼는 것은 길을 걸어가고 있을 때이다. 길에서 만나는 하나님은 항상 새로움으로 다가오신다. 그래서 또한 기도할 수밖에 없다.

길을 가다보면 높고 낮은 고개를 많이 넘어간다. 프랑스 출발지에서 약 70여km 걸어간 곳에 빰쁠로나(Pamplona)라는 제법 큰 도시가 있다. 빰쁠로나는 매년 7월 6일에서 14일에 벌어지는 산 페르민(San Fermin) 축제로 유명한 곳이다. 약 700년의 전통을 가진 이 축제에서 거대한 인형의 행진, 음악, 춤, 불꽃놀이 등이 어우러져 펼쳐지며, 좁은 길에 풀어놓은 황소떼를 피해 빨간 스카프를 두른 남자들이 달려 도망가는 것으로 세계적 명성을 얻은 엔시에로(encierro)로 인해 열광적인 분위기는 최고조에 다다른다. 그러나 겨울철에 걸어가며 지

뻬크돈 고개 정상에 있는 순례자들 실루엣

나가는 길에는 문화적인 행사나 지역의 축제를 접할 기회가 주어지지 않는다. 빰쁠로나를 지나면 거대한 산맥이 나타나고 그 능선에는 풍력발전을 위한 큰 풍차들이 무수히 줄을 서 있는데 한 눈에 보기에 70여 개가 넘는다. 산맥을 넘어가기 위해 그 가운데 높이 700여미터가 넘는 고개가 있다. 뻬르돈(Perdon) 고개다. 고개 정상 가까이에 이르면 왼쪽 옆에 '거부의 샘'이란 뜻의 푸엔떼 레니가(Fuente Reniega)라는 이름의 작은 샘이 있다. 전설에 의하면 지치고 갈증이 심한 순례자에게 동료 순례자로 가장한 악마가 나타나 신앙을 포기하면 물을 주겠

다고 하였다고 한다. 순례자는 거부했고 그러자 야고보가 나타나 샘을 보여주며 가리비 조개껍질로 물을 떠서 순례자의 목을 축여주었다고 한다. 길에는 순례자의 신앙과 연결된 아름다운 전설들이 많이 깃들여 있다. 뻬르돈 고개에 올라서면 풍차의 날개가 바람을 맞아 돌아가며 '휙휙' 하고 뿜어내는 소리가 매우 크게 들리고 두꺼운 철판으로 만들어 세워놓은 순례자들 모습의 실루엣이 눈에 들어온다. 뻬르돈은 '용서'라는 뜻이다. 사람들이 살아가며 서로 잘못을 행하는 경우가 많은데 그 잘못을 용서해 주는 것은 매우 아름다운 일이다. 용서하지 못하고 마음에 분노와 원한을 계속 품고 사는 것은 엄청난 마음의 짐을 지고 무겁게 살아가는 것과 같으리라. 그러기에 주님께서 가르치신 기도에도 하늘로부터의 용서를 간구하면서 동시에 우리 서로가 용서하고 살아가는 삶을 바라라고 하신 것이 아닐까. 그 고개를 넘으며 어쩌면 다른 사람을 용서하지 못했던 것을 다 털어버리고 가벼운 마음으로 내려가야 길을 제대로 갈 수 있지 않을까 하는 생각이 들었다. 인생길을 가볍게 걸어가기 위해서는 짐을 내려놓고 비우고 걸어가야만 하는데 그 방법 중의 하나가 용서인 것이다. 그래서 또한 기도하게 된다. 나의

뻬그동 고개에 늘어선 풍차들

마음 속에 응어리로 남아있던 얼굴들을 떠올리며 용서할 수 있게 해 달라고 기도했다. 남을 용서하는 것은 나 또한 용서받고자 함이었다.

산티아고에 이르는 길은 북동쪽 프랑스와의 접경지역에서 시작해 거의 동일한 위도를 따라 횡으로 이동해 북서쪽 끝부분에 있는 산티아고에 다다르게 된다. 그 길의 과정에 몇몇 큰 도시들을 지난다. 프랑스 출발지에서 걸어 300여km에 있는 브루고스(Burgos)와 480km에 있는 레온(Leon)이 대표적 도시이다. 브루고스에서 레온까지 이르는 180km의 길은 작은 마을을 간간히 지날 뿐 큰 변화가 없는 넓은 평원을 지나간다. 그래서 그 구간을 '메세따(meseta, 고원이라는 뜻)'라는 별칭으로 부르기도 한다. 여름에 길을 걷는 순례자들이 가장 지루해 하고 힘들어하는 구간이기도 하다. 작열하는 태양 아래 피할 그늘이 한 점도 없는 길을 걷는 것은 그야말로 고문과 같으리라. 그런 점 때문에 오히려 의미를 더 부여하며 이 구간을 음미하면서 걷는 순례자들이 있기도 하다. 겨울의 대평원의 길은 차갑고 길을 걷는 순례자는 물론이고 평원의 밀밭에서 농기계를 움직이며 일하는 지역 주민도 눈에 띄지 않는다. 동서남북 어느 방향이든 멀리까지 지평선만 보이고 나무 몇 그루 외에 사람이 만든 건조물은 눈에 띄질 않는다. 오전에는 해를 등지고 오후에는 해를 보고 서쪽 방향으로 길을 가고 있다는 것을 느낄 뿐이다. 떠오르는 햇살을 받아 붉은 진흙길이 더욱 붉어 보인다. 예수께서 공생애를 시작하시기 전에 광야에서 40일을 보내셨던 것이 떠올랐다. 예수께서 40일 동안 무엇을 하셨을까. 하나님과 어떻게 교감하셨을까. 하나님과 교감하며 나누신 내용은 무엇이었을까. 질문을 던지며, 광야에 서 있을 예수 그리스도의 모습을 상상해 본다. 광야와 같은 길에 서 있는 나 또한 하나님과 깊은 교감이 있기를 간구했다. 길은 하루 종일 걸어도 마을이 나올 것 같지 않게 뻗어있다.

    끝없이 펼쳐진 넓은 평원을 바라보고 있으니 옛날 마르코 폴로나 콜럼버스와 같은 탐험가들이 이끄는 범선에 탔던 뱃사람들이 문득 떠올랐다. 그들이 항구를 떠나 곧바로 맞닥뜨렸을 세계, 즉 어디로 가는지 혹은 앞에 무엇이 있을지 모르는 불확실한 상황 가운데 사방을 둘러봐도 아무것도 보이지 않고 오직 끝없는 수평선만 보이는 세계에서 그들은 무엇을 느꼈을까. 그 망망대해에서 망연자실(茫然自失)했을

레온(Leon) 성당
레온(Leon) 성당 야경
레온(Leon) 성당 내부의 스테인글라스
부르고스 성당

그들의 심정이 가깝게 와 닿는다. 말로 표현할 수 없는 당혹감으로 스스로를 잃어버렸을 것임에 틀림없다. 산티아고에 이르는 길, 까미노 데 산티아고(Camino de Santiago)는 스스로를 잃어버리게 하는 길이다. 나를 버리고 나를 포기하는 길이다. 끝이 보이지 않는 길을 보며 자신이 아무것도 아니라는 것을 깨닫게 된다. 우주 속의 나 자신이 길 위의 작은 돌멩이와도 같다는 것을 느끼는 순간이다. 무위자연이란 것도 생각하게 된다. 이 길은 또한 나 자신을 찾도록 하는 길이다. 나의 연약함을 알면서 동시에 하나님의 강하심을 느끼는 길이다. 더욱이 겨울의 까미노에는 사람이 없다. 언어도 없고 인간의 소리는 들리지 않는다. 다만 흙이 흙에게, 하늘이 땅에게, 땅이 하늘에게, 땅이 풀과 나무와 새에게, 돌멩이가 돌멩이에게 서로 나누는 이야기가 충만한 곳이

다. 길에 멈춰 서서 눈을 부릅뜨고 둘러보아도 오늘 밤 내가 편히 쉴만한 곳이 있을 것 같지 않다. 넓은 평원 위의 작은 한 점으로 순례자는 서 있었고 기도할 수밖에 없었다.

걸어가는 길은 많은 사람들이 지나갔던 길이다. 어느 누구도 걸어본 적이 없어서 나 자신이 최초로 발을 디딛게 되는 길은 없다. 길은 과거에 지나갔던 사람들의 자취가 깃들여 있는 역사(歷史)이기도 하다. 지도를 펴면 산과 강, 마을과 길이 그려져 있고 평면적인 정보가 가득 들어있다. 지도에는 공간의 위치를 표시해 줄 뿐이며 시간의 흐름은 없다. 강물은 흐르지 않고 사람이나 동물과 같이 움직이는 물체는 나타나 있지 않다. 수평적이고 횡적인 세계의 모습이다. 그래서 중국 청나라 시대의 문장가인 장조(張潮, 1650-?)는 『유몽영(幽夢影)』에서 "사관이 기록한 것은 세로의 세계이고, 지도에 실려 있는 것은 가로의 세계이다(史官所紀者, 直世界也; 職方所載者, 橫世界也.)"라고 읊었는지도 모른다. 그러나 길에는 횡적인 공간뿐만 아니라, 수직적이고 종적인 시간이 함께 녹아있다. 먼저 지나간 사람들의 흔적이 길에 남아 있어 훗날에 걷는 사람들에게 길의 의미를 더해 주고 있다.

카미노에는 많은 표식과 흔적들이 있다. 가장 으뜸이 되는 것은 길을 알려주는 표식이다. 길이 지나가는 들판이나 산, 작은 마을, 큰 도시에는 어느 곳이나 노랑색의 화살표 표식이 있다. 성 야고보(산티아고)를 상징하는 가리비 조개 문양과 함께 벽이나 나무, 전신주, 기

둥에 그려져 있고 도시에는 보도 블럭에 박혀 있기도 하다. 갈림길이 있는 곳에는 어김없이 다양한 모습으로 표식이 되어 바른 방향을 일러주고 있어 길을 잃을 염려는 없다. 그럼에도 생각에 깊이 빠지거나 주의 집중이 안되어서, 혹은 어두워서 보지 못하고 지나쳐 다른 길로 가서 한동안 고생하다 주민들의 도움으로 표식들이 있는 길로 돌아오기도 한다. 길을 일러주는 표식 외에 많이 볼 수 있는 것은 십자가일 것이다. 마을이나 도시마다 크고 작은 성당들이 있어 십자가가 달려있는 것은 물론 언덕이나 고개 위 등 길 옆에 많은 십자가가 세워져 있다. 길옆에는 순례를 하다 숨진 것으로 여겨지는 묘비들이 서너 개 있기도 하다. 작은 십자가가 함께 서 있다. 길 위에는 순례자들이 지나가며 밝은 미색을 띄는 길에 짙은 갈색의 돌들로 글씨를 써놓거나 방향표시를 해 놓기도 하였다. 자갈과 큰 돌들로 커다란 십자가를 길 위에 박아놓은 것이 있기도 하다. 그 십자가를 보며 길 자체가 십자가임을 강하게 느낀다. 십자가의 도(道, 진리)는 십자가의 길이며, 까미노를 한 발자국 한 발자국 걸어가는 것이 십자가를 밟고 가는 것과 다르지 않음을 깨닫게 되었다. 나바레떼(Navarrete)와 프랑스 출발지로부터 540km 떨어진 라바날

라바날 초입에 설치된 철망에 걸린 십자가들

(Rabanal)로 들어가는 길목에 길을 따라 철조망이 1km가 넘게 쳐져 있는데, 그 철망에 지나가는 순례자들이 나무조각을 끼워 만든 십자가가 무수히 걸려 있다. 심지어 종이와 신문지를 꼬아서 붙여놓은 십자가도 있다. 길가에서 주운 초라한 재료들로 만들어져 있지만 순례자들의 기도와 마음을 담아 정성껏 표현한 것으로 그들의 신심이 잘 드러나 있어 보는 사람으로 하여금 큰 감동을 느끼게 하는 것이었다. 철조망에 걸린 십자가들은 결코 액세서리가 아니었다. 또한 알베르게나 건물의 벽에 순례자들의 모습을 그려놓아 아프고 지친 다리를 끌고 가는 순례자들에게 힘을 북돋아 주는 흔적들이 곳곳에 있다.

길에 남아있는 앞서 지나간 사람들의 흔적은 히말라야 산에도 있다. 에베레스트에서 해발 4930m에 위치한 로부체(Lobuche)를 지나 에베레스트 베이스 캠프를 향해 올라가다 해발 약 5,100m 되는 지점의 길옆에 5-6미터 높이의 큰 바위 덩어리가 있고 그 바위에는 작은 동판이 하나 붙어 있다. 동판에는 1993년 5월 16일 에베레스트 등반 도중 목숨을 잃은 두 젊은이, 남원우(당시 28세)와 안진섭(당시 25세)를 기리며 추모하는 내용이 새겨져 있다.

"그대 더 높은 눈으로,
더 높은 산을
산 위에서 바라보기 위해 함께 왔던 악우 남원우, 안진섭.
여기 히말라야의 하늘에 맑은 영혼으로 남다."

동판 오른쪽 끝 모서리에는 밝은 황토색의 작은 머플러가 꽂혀서 외로운 영혼들을 달래고 있었고, 바위 앞의 돌탑에는 지나가는 사람들이 마음을 담아 쌓아올린 돌들이 뭉쳐 있었다. 나와 직접 대면한 적이 없지만, 15년 전 이 길을 지나갔고 높은 봉우리를 향해 땀 흘리며 올랐으나 더 이상 이승에 있지 않은 두 사람을 떠올리자 목이 메었고 눈물이 흐르기 시작했다. 배낭을 내려놓고 배낭을 등의자 삼아 그 자리에서 속된 말로 '퍼졌다'. '멋지게 살다간 젊은이들, 그런데 멋진 삶 가운데 죽음이

추모동판이 붙어있는 바위

란? 그 죽음의 의미는 무엇일까?'라는 상념이 계속 떠올랐다. 그들의 죽음이 헛되고 허무하다는 느낌보다는 그들이 걸어갔던 길에 접근하는 사람들에게 항상 살아있는 흔적으로 다가오는 죽음이라는 생각을 지울 수가 없었다. 그래서 만년설로 덮여있는 히말라야의 설산들을 볼 때면 '하얀 죽음'이 떠오른다. 설산을 오른 수많은 산악인들이 그곳에서 생을 달리 했지만 그들의 죽음이 단순히 사라짐을 뜻하는 것이 아니라 설산과 함께 영원히 기억되는 소중한 것이라는 생각이다. 죽음이 어둡고 무서워 검은 색이라고만 여겨왔으나 히말라야의 설산들을 보고 있노라면 영원한 삶의 기운이 서려있는 밝고 환한 흰색의 죽음을 대면하고 있음을 느낀다. 순례는 죽음을 생각하며 길을 가는 것이라고 할 수 있으며 히말라야의 산들을 걸으면서 깊은 종교적 접근을 하게 된다.

자신이 좋아하고 간절히 바라는 것이 다른 사람에게 해를 끼치지 않고 헛된 탐욕으로 채워져 있지 않는 것이라면 그 바라는 것을 향하거나 이루어가기 위해 생명을 바칠 수 있다는 것은 참으로 멋진 일이 아닐까. 시간을 돌이켜 옛 시절을 떠올려볼 때, 청년기에는 조국의 안타까운 현실을 직시하며 통일과 민주주의를 위해 헌신하고자 했다. 더욱 거슬러 올라가 고등학교를 졸업하고 대학을 진학하면서는 거룩한 신의 부름에 응답해 나의 존재를 맡겨 신앙의 순례와 같은 미지와 신비의 길에 들어서기를 결심했다. 성직자가 되는 그 길은 곤고한 길이지만 의미있는 길이 될 것이라고 믿고 따라 나선 것이다. 조금 더 거슬러 올라가 고등학교 시절 산을 좋아해 즐겨 다니던 때는 히말라야 산들은 선망의 대상이었고 그 가운데 가장 높다는 에베레스트 산에 갈 수만 있다면 그곳에 가서 죽는 것이 영광이라고 여겼다. 해외여행을 쉽게 할 수 없었던 1970년대 초에 있어서는 히말라야의 산들을 막연하게 동경할 뿐이고 직접 볼 수 있으리라고는 생각하지 않았다. 만년설이 덮여있는 히말라야의 봉우리들을 가까이서 볼 수 있는 기회가 특별한 사람들에게만 허락되고 나에게는 있을 수 없을 것이라고 생각하는 것이 당연했다. 그런데 그 봉우리들을 직접 만날 수 있으며 또한 만나러 간다고 생각하니 가슴이 벅차오르고 몹시 흥분되었다. 거룩한 곳에 조심스럽게 발을 내딛는 기분이었다.

이 세상에 거룩한 곳이 따로 있는 것일까?

무소부재하신 하나님은 어디나 계신다. 어느 한 곳이나 어느 지역만이 거룩한 것은 아닐 것이다. 하나님께서 인간을 위해 특별한 사건이 일어나도록 한 곳이기에 사람들이 기억을 하며 의미를 부여하는 것이다. 오히려 하나님의 창조 손길이 있는 곳 모두가 거룩한 곳이라고 할 수 있다. 사람의 거친 손때가 거룩함을 더럽힌 것뿐이리라. 마치 손을 너무 타서 땟국이 잘잘 흐르는 문의 손잡이처럼.

히말라야는 비교적 인간의 손때가 덜 묻고 하나님께서 창조하실 때 드러내셨던 태고의 신비를 품고 있다는 면에서 거룩하다고 할 수 있다. 다른 한편으로 다른 어느 곳보다 초월적인 존재를 강하게 느

랑탕 계곡의 탕샵에 있는
롯지 모습

안나푸르나 브라탕 지역의 롯지
부엌. 고기를 훈제내서 걸어놓았다

롯지 부엌의 부뚜막

끼고 체험할 수 있기 때문에 거룩하다고 할 수 있다. 그 거룩함을 직시할 수 있으니 히말라야 산길을 걷는 것도 순례라고 할 수 있다.

  8천 미터가 넘는 세계의 고봉들이 모두 히말라야 산 속에 있다. 세계에서 높은 봉우리 10개 가운데 흔히 'K2'라고 불리어지며 두 번째로 높은 '카라코롬2'(8611m)와 고봉 순위 아홉 번째인 '낭가파르바트'(8126m)만 파키스탄에 있고 나머지 봉우리들은 네팔에 있다. 높은 봉우리들을 등정하기 위해 사람들은 길을 개척해 만들어 나갔으며 등정의 편의를 위해 고도 5천 미터 정도의 위치에 베이스캠프를 설치하여서 활용하였다. 봉우리 정상에 오르고자 하는 산악인들은 원정대를 조직하여 오랜 기간 베이스캠프에 머무르기도 한다. 제법 규모가 큰 원정대는 장비와 식량 등을 운반하기 위해 짐을 나르는 포터들을 100여명 이상 고용하기도 한다. 네팔 정부의 허가를 받고 고산과 설산에서 사용할 수 있는 전문적인 장비를 갖춘 산악인들과는 달리 일반 개인이 자유롭게 출입할 수 있는 지역은 제한되어 있다. 일반인들이 접근할 수 있는 지역은 세 곳으로, 네팔 중앙에 위치한 수도 카투만두를 중심으로 서쪽에 있는 안나푸르나 지역, 동쪽에 있는 에베레스트를 품고 있는 쿰부 지역, 북쪽에 있는 랑탕 지역이다.

　　　　국립공원으로 지정되어 있는 세 지역은 개인이 입장료만 지불하면 출입할 수 있다. 그리고 이 지역에는 등반객들이 잠을 자고 식사를 할 수 있는 숙박업소들이 길을 따라 곳곳에 있다. 롯지(lodge)라고

고쿄 리에서 바라본 에베레스트 정상

남체 위의 굽중에 올라가면 멀리 에베레스트 정상이 보인다
(오른쪽 봉우리는 아마 다브람)

일컫는 이들 숙박소의 방에는 나무로 만든 침상이 있고 그 위에 탄력을 잃은 스펀지 메트리스가 깔려있다. 그리고 때에 찌든 담요나 솜이불이 제공되기도 한다. 난방시설은 없어서 겨울에는 빨아 널어놓은 양말이나 물통의 물이 밤사이에 꽁꽁 얼기도 한다. 식사는 롯지에서 제공되는 음식을 사서 먹는다. 메뉴는 네팔 사람들이 주로 먹는 달밧을 비롯해 볶음밥, 네팔 만두인 모모, 짜파티(밀가루 덩어리를 호떡처럼 평평하게 하여 구운 것. 속에 내용물은 없다), 누들수프, 감자튀김 등이다. 달밧은 밥에다 밧이라고 하는 카레와 같은 향신료를 가미한 녹두수프를 얹어 먹는 것이다.

　　히말라야 산들의 이름은 그 지역 사람들이 산을 신성하지 여기는 것이 드러나 있다. 에베레스트산(8850m)의 이름은 영국의 측량 관리였던 조지 에베레스트 경의 이름을 따서 지어진 것일 뿐이고, 티

남체 위의 쿰중에 올라가면 멀리 에베레스트 정상이 보인다

베트말로는 '초모랑마(Chomolungma)'라고 불리우며 그 것은 그 산에 거하는 여신의 이름으로 '세계의 어머니 여신'이란 의미이다. 네팔말로는 '사가르마타(Sagarmatha)'라고 하며 '하늘의 머리'라는 뜻을 담고 있다. 안나푸르나(8091m)는 산스크리트어로 '풍요의 여신'이란 뜻이다. 지도에 표기되어 있는 명칭 자체에서도 신을 언급하며 거룩한 분위기를 자아내는 단어를 사용하여 그곳에 발을 들여놓게 되는 사람들로 하여금 흐트러진 마음을 모으게 만든다. 조심스럽게 순례의 길을 나서도록 인도한다. 안나푸르나를 중심으로 6,7천 미터 고봉

들이 운집해 있는 곳은 안나푸르나 보호구역(Annapurna Sanctuary)이며 안나푸르나 베이스캠프(4130m)까지 가는 길을 안나푸르나 생츄어리 트렉(Annapurna Sanctuary Trek)이라고 칭한다. '생츄어리'가 보호구역이라는 뜻도 있지만 '성전(聖殿)'이란 뜻도 있기에 '안나푸르나 성전을 걸어가는 길'이라고 감히 해석해 보고도 싶다. 보통 2주일 이상 걸리는 안나푸르나 일주(한국 사람들이 라운딩한다고 말하는 것)는 안나푸르나 보호구역을 크게 한 바퀴 도는 것으로 거리는 약 300km이다. 그 길 중간에는 세계에서 가장 높은 고개라고 하는 쏘롱-라(Thorong-La, 5416m)를 지나가야만 한다.

안나푸르나 일주를 하기 위해서는 카투만두에서 버스를 타고 베시 사하르(Besi Sahar)를 거쳐 불부레(Bhulbule)까지 한국 강원도 오지의 산길을 가듯 8시간 이상을 가야한다. 베시 사하르의 검문소에서 입산 신고를 하고 불부레로 가는 버스로 갈아탔는데 버스에 사람이 가득 차서 지붕에 올라가서 배낭을 깔고 앉아 갔다. 포장이 안된 길을 버스는 흙먼지를 일으키며 몹시 흔들거리며 간다. 야생마 등에 올라탄 것처럼 온 몸이 요동을 쳐서 바짝 긴장을 하고 지붕 난간을 꼭 붙들어야 하지만 멀리 눈덮힌 고산 봉우리들에 넋을 잃고 눈길을 돌릴 줄을 모른다. 저 높은 안나푸르나의 봉우리들 위에 쌓인 눈과 같이 태고의 깨끗함과 순수함을 간직할 수 없을까. 안나푸르나를 일주하면서 머릿속에 떠올린 화두는 순수, 정화, 겸허가 깃들인 길을 추구하는 것이었다. 물론 하나님께서 그 외에 다른 깨달음과 느낌을 주실 것을 기대하

걷는 기도 _ 1 순례   59

안나푸르나 일주코스의 모습. 폭포, 계곡 등

기도 하였다.

　　　　안나푸르나의 길을 걷기 시작하며 가졌던 기분은, 마음이 번잡하거나 텅 비어있음을 느낄 때 어느 예배당이든 들어가 앉아 홀로 조용히 기도하고픈 심정이 되곤 하는데 그와 비슷한 느낌이라고나 할까. 길은 계단식 논밭 사이를 가파르게 올라가기도 하고 강물이 흐르는 계곡을 끼고 아찔한 절벽 위를 조심스럽게 슬금슬금 기어가듯 지나가기도 하며 계곡을 가로질러 놓여진 출렁다리를 흔들거리며 지나가

기도 한다. 길 옆 작은 마을에 있는 로지에 들러 차 한잔을 마시며 눈덮힌 장엄한 모습의 마나슬루(Manaslu, 8156m)와 응가디 출리(Ngadi Chuli)를 감상하기도 한다. 마나슬루는 35km 이상 멀리 떨어져 있음에도 불구하고 고개 몇 굽이만 넘으면 쉽게 도달할 수 있을 것처럼 가깝게 다가와 보인다. 길을 걸어감에 따라 앞과 옆에서 보이던 멋진 산들은 뒤로 물러가거나 다른 봉우리에 가려 보이지 않게 되고 새로운 강자가 등장하여 초대의 미소를 보낸다. 그들은 람중 히말(Lamjung Himal, 6986m), 안나푸르나 II(7937m), 안나푸르나 IV(7525m) 등이다. 성전의 둘레를 돌며 순례하는 나의 동반자들이다. 매우 거대한 안나푸르나 산군(山群) 사이를 지나는 길은 변화무쌍하고 새로운 세계로 나를 이끌어 가며 무아경(無我境)에 빠지게 만든다. 설산과 기묘한 바위들이 늘어선 모습 속에서 '나'라는 존재가 없어졌으니 말을 할 수가 없다. 말이 필요없는 것이고, 말로 표현할 수 없는 것이다. 순례는 그런 경험을 조금이라도 하고자 하는 것이 아닐까. 길에서 하나님을 만나는 경험도 나 자신이 없는 상태일 것이다. 그 분과 맞닥뜨렸을 때 가슴만이 뛸 뿐이다. 마치 예수가 십자가에 달려 돌아가신 후 예루살렘에서 엠마오로 가던 제자들이 길에서 부활한 예수를 만나 말씀을 들었을 때 이상하게 가슴이 뜨거워져 왔던 것과 같다. 그러면서 동시에 편안함을 느낀다. 처음 접하는 세계이지만, 그리고 앞으로 전개될 세계의 모습이 어떨지 알 수 없지만 길을 가며 경험하는 것이 전혀 낯설지 않고 친숙함을 느낀다. 순례는 이런 경험을 극대화시

키는 것이 아닐까. 베르나르 올리비에(Bernard Ollivier)는 『나는 걷는다』에서 그런 순례의 경험을 이렇게 묘사한다. "신들과 친숙해지는 경지에 이르기 위해서는 세 가지 상황이 충족되어야 한다. 첫째로 완벽한 고독, 이는 구름 속으로 날아오르기 위해서 가장 중요하고 근본이 되는 조건이다. 비밀과 경계심이 많아 일부러 거리를 두는 신들은 단체 여행자들에게는 문을 열어주지 않는다. 둘째, 장소를 잘 선택해야 한다. 대도시의 방에 혼자 있는 것은 고독이라 할 수 없다. 제단에 다가서기 위해서는 무한한 공간을 골라야 한다. 수평선 외엔 아무것도 시선을 가리는 것이 없을 때 혹은 시선이 하늘과 맞닿아 있는 산꼭대기를 향할 때, 니르바나(열반)는 그리 멀지 않다. 마지막 조건은 육체와 정신 사이의 완벽한 조화다. .. 정신, 그 순수한 정신은 광야의 초원 혹은 산꼭대기 위로 날아오른다. 무한함 속에서도 보이지 않고 나비처럼 가볍게 날아올라 모래바다 속의 모래알이 되는 그때, 우리를 가두고 있던 일상이라는 감옥의 창살이 순식간에 부서져버린다. 그제야 비로소 천국의 문이 열리는 것이다"(1권, 135-6, 효형출판사)

해발고도가 840m인 불부레로부터 안나푸르나 일주의 중간지점이라고 할 수 있는 쏘롱-라(5416m)까지는 계속 고도를 높여가며 오르는 길이다. 크고 작은 산들을 오르락내리락 하며 5-6일 정도 가다보면 3540m 높이에 위치한 마낭(Manang)에 도착한다. 고산병 증세가 나타나기 시작하므로 고도 적응을 위해 하루를 더 머물다 가기도 하는 곳이다. 마낭은 마르샹디(Marsyangdi) 강 옆에 있는 제법 큰 마을로 강 건너편에는 강가푸르나(Gangapurna, 7454m)가 위용을 자랑하며 빙하와 함께 직벽을 드러내고 서 있다. 거대한 안나푸르나가 나로 하여금 함부로 행하지 말도록 하며, 속단하지도 말고, 무엇이든 얕보지 못하게 한다. 이 놀라운 세계를 창조하신 하나님 앞에 저절로 고개가 숙여지고 찬양하며 기도하게 한다. 기도할 수밖에 없었던 길은 다름 아닌 순례의 길이었다.

에베레스트 산에 가기 위해서는 카투만두 공항에서 프로펠러로 추진되는 20인승 경비행기를 30분 정도 타고 해발 2840m에 위치한 루크라(Lukla)까지 가서 그곳에서부터 걸어가야 한다. 루드라에 비행장이 생기기 전까지는 카투만두에서 10시간 넘게 버스를 타고 지리(Jiri)라는 큰 마을에 도착해 일주일 정도 산길을 오르락 내리락 하며 걸어서 루크라에 도착하였다. 오늘날에도 그런 과거의 방법으로 트레킹을 하는 사람들이 있다. 거대한 산 중턱에 만들어진 루크라 비행장의 활주로는 눈으로 봐도 알 수 있을 정도로 경사져 있다. 계곡을 향해 내리막인 형태로 만들어져 있어서 비행기가 계곡을 향해 이륙할 때는 수월하게 떠오를 수 있고 착륙은 이륙과 반대 방향인 계곡으로부터 진입하기 때문에 자연적으로 오르막 경사를 올라가게 되어 제동 거리가 짧아지도록 되어 있다. 비행장이 깊은 산중의 고도 높은 곳에 있어서 기상 상태가 좋지 않고 급변하는 경우가 많아 비행기의 운항이 중지되는 경우가 비일비재하다. 비행기에서 내리면 고산증세가 나타나

남체와 탐세르쿠 봉우리

귀가 멍하고 약간 어지럽고 메스꺼움을 느끼게 된다. 심호흡을 하고 천천히 걸음을 옮길 수밖에 없다. 물을 자주 많이 마시는 것이 고산에서 적응하는 데 도움이 된다.

  루크라에서 걸어서 이틀 거리에 있는 남체 바자르(Namche Bazaar, 흔히 줄여서 남체라고 부른다)는 에베레스트 지역의 중심 마을이다. 이 마을은 3420m의 고도에 있지만 동, 서, 북의 삼면이 높은 산들로 둘러쌓여 있고 남쪽은 계곡을 내려다보고 있어서 따뜻하고 안온한 분위기를 느끼게 한다. 동쪽과 서쪽에는 탐세르쿠(Thamserku, 6608m)와 광데(Kwangde, 6187m) 봉우리가 하얀 눈을 머리에 뒤집어쓰고 멋진 위용을 자랑하고 있다. 남체에는 시설 좋은 숙박시설들이 많으며 우체국, 병원, 은행, 빵집, 상점 등이 있는 큰 마을이다. 매주

토요일에는 노천에서 시장이 열리는데 곡식, 야채, 과일, 소금, 기름을 비롯해 신발, 옷, 과자 등 일용품을 파는 상인들이 넘쳐난다. 사람들이 많이 모여 북적이고 활력이 그득한 토요일 장은 아침 일찍 시작해 12시경 파하는데 상인들 가운데는 야크 등에 짐을 싣고 며칠씩 걸려 오기도 한다고 한다. 고도가 3천 미터를 넘는 지점부터 고산병에 걸리기 쉽기 때문에 적응하는 시간이 필요하다. 고산에서는 하루에 700m 이상 고도를 높여 올라가는 것은 위험하므로 천천히 서서히 올라가야 하며 이상 징후가 있으면 고도가 낮은 곳으로 내려오는 것 외에는 다른 치료 방법이 없다. 그래서 사람들은 보통 남체에서 하루를 더 머무르며 적응하는 훈련을 한다. 남체 북쪽의 뒷산을 천천히 올라 4천 미터 지점까지 간 후 내려오면 고산 적응에 큰 도움이 된다. 오르는 길은 숨이 가쁘고 어지럽기도 하지만 내려오는 길은 상쾌하며 편안하다. 하루를 그렇게 고도를 높였다가 낮추면서 적응하는 시간을 갖게 되면 몸이

탐세르쿠 봉우리   위에서 내려다 본 남체

한결 가벼워짐을 느끼게 된다.

　　남체에서 북동쪽으로 산길을 계속 올라 사나사(Sanasa, 3606m) 가까이 이르니 멀리 에베레스트 정상이 선명하게 눈에 들어온다. 찻집들이 몇 개 몰려있는 사나사를 지나면 길은 타보체(Tawoche, 6367m)를 마주보고 에베레스트 베이스 캠프(EBC)와 고쿄(Gokyo)로 가는 두 갈래 길로 갈라진다. 포터들을 끌고 다니며 간간히 보이던 외국인 트레커들과 무거운 짐을 진 포터들은 모두 EBC 방향을 향해 가고 고쿄로 가는 길에는 사람이 없다. 고쿄로 가는 길은 급상승을 하여 해발 3975m의 몽 라(Mong La)까지 계속 오르막으로 이어진다. 나는 포터를 동반하지 않았기에 내 짐을 스스로 지고 홀로 가파른 길을 오른다. 겨울이지만 화창한 날씨에 햇살이 따가워 18kg 정도되는 배낭을 짊어진 등에는 어느덧 땀이 배어나온다. 계속 오르자 멀리 보이던 에베레스트 정상은 가까이에 있는 타보체 봉우리에 가려

남체에서 토요일장이 서는 모습　　남체에서 사나사로 가는 길. 멀리 뒤편 중앙에 에베레스트 산이 보인다.

고개 위에 자리잡은 목차, 그 뒤로 타보체가 보인다.

보이지 않는다. 길 오른 편으로는 EBC로 가는 길을 품은 계곡이 깊게 드리워져 있고 그 계곡 너머 아마 다브람(Ama Dablam, 6856m)의 웅장한 자태가 보인다. 13-14km 이상 떨어져 있지만 손을 뻗으면 닿을 것만 같이 가까이 다가와 있다. 올라가는 길의 정면 머리 위쪽으로는 타보체와 촐라체(Cholatse, 6440m)의 화사한 모습이 눈에 들어온다. 모든 봉우리가 만년설로 하얀 옷을 입고 있으며 그 모습이 마치 흰색 드레스를 입은 신부와 어머니 같다. "이곳이 바로 생츄어리(Sanctuary, 성전)이구나!" 하는 마음의 외침이 나도 모르게 튀어나왔다. 아마 다브람 봉우리의 '아마'는 '어머니'라는 뜻인데, 바로 이곳이 위대한 어머니의 품이라고 생각되었다. 고산지대이기 때문에 숨이 가빠 천천히 한 걸음씩 옮기며 발 디디는 리듬에 맞추어 '키리에 일레이존(Kyrie eleison, 주여 나를 불쌍히 여기소서, 주여 나에게 자비를 베푸소서)'을 읊조린다. 운율은 '옴마니 받메훔'이란 불교 만트

라와 동일한 것으로 하였다. '옴마니 받메홈'은 '연꽃 안에 있는 보석에 경의를!'이란 의미로 길 곳곳의 크고 작은 바위에 새겨져 있으며, 그것을 마니석이라 부른다. 네팔 사람들은 소리를 내어 흥얼거리기도 하며 기념품을 파는 가게에서는 '옴마니 받메홈'을 운율과 함께 연속적으로 읊조리는 것을 녹음하여 크게 틀어놓기도 한다. 해발 4천여 미터 높이의 가파른 길을 오르느라 숨이 차고 등에 진 배낭이 무거워 땀이 흐르며 힘이 들지만 거룩한 성전을 향하여 걸음을 옮기고 있다고 생각을 하니 비록 오체투지는 하지 못할망정 이 정도의 수고는 당연히 해야 할 것이라고 여겨졌다. 인생의 무거운 짐들을 지고 가는 세상 사람들 가운데 나도 한 사람이며 영원한 하나님의 나라에 도달하기까

왼편의 타보체와 왼쪽의 아마 다브람 모습

지 쉽게 떨쳐버리지 못하고 무겁게 끌고 가야만 하지 않을까 하는 자각이 들었다. 어느덧 나도 모르게 이마로부터 흘러내리는 땀방울에 눈물이 섞여 흐른다. 시(詩) '한계령'의 첫 구절이 떠올랐다. "저 산은 내게 우지마라 우지마라 하고, 발 아래 젖은 계곡 첩첩산중." 위로 뻗어 올라간 고개가 끝나는 지점의 모퉁이에 멀리 있는 두세 개의 로지가 설산의 봉우리를 배경으로 하고 있는 것이 마치 하늘의 거룩한 도성과 같이 보인다. 주체할 수 없도록 감동적인 장면에 울음이 터져 나온다. 길에는 아무도 없어 마음놓고 통곡을 한다. 그러나 고산지대여서 숨이 몹시 차오르기 때문에 통곡도 마음대로 계속할 수 없다. 천천히 걷는 걸음에 맞추어 읊조리던 '키리에 일레죤'은 어느덧 '옴마니 받메홈'이 되고 그 두 가지가 계속 섞여 나오며 끊임없이 드리는 기도가 되었다. 몽 라까지의 오르막길, 아무도 오고가지 않는 3.5km의 길이 내가 하나님을 만나고 예배하는 성전이었다.

  산길을 걸으면서 많은 생각과 기도를 하게 된다. 특히 홀로 걷는 길은 나 혼자만의 내면세계로 깊이 내려갈 수 있어서 더없이 좋다. 하나님을 떠올리며 대화하고 하나님과 동행함을 확신하면서 많은 시간을 들여 긴 거리를 걷게 될 때 순례가 무엇인지를 어렴풋이나마 파악하게 된다. 순수의 상징이 깃들여 있는 거대한 산을 걷게 되면 예배당에 들어가 조용히 무릎꿇거나 앉아서 머리를 조아리듯이 하나님에 대한 외경 속에 빠져 들고 기도할 수밖에 없게 된다. 걷는 기도는 순례자가 할 수 있는 덕목 가운데 최상의 것이다.

길에서 사람을 만난다

2.
호기심

산티아고 성당 입구인 영광의 문

길을 가도록 하는 원동력 가운데 하나는 호기심이다. 또한 걷는 것은 호기심을 충족시켜 주는 기회를 제공한다. 미지의 세계, 즉 알지 못하는 세계에 대해 궁금한 마음을 가지고 풀어보고 싶은 것이 인간이 공통적으로 가지고 있는 특성이라고 생각한다. 알지 못하는 세계란 지리적이고 공간적인 영역뿐 아니라 영적이고 지적인 영역까지 모두 포함한다. 어느 곳에 갔을 때 상상치 못한 경관이 펼쳐져서 탄성을 지르며 아름다움에 도취하는 것이나 삶의 여정에서 어떤 지혜나 깨달음을 얻었을 때 기쁨으로 전율하는 것 모두가 미지의 세계에 들어갔을 때 나타나는 반응일 것이다.

　　길을 떠나기에 앞서 대상 지역의 정보를 얻고 지도를 구입해 가야할 길을 떠올리는 것부터가 온 몸을 흥분하게 한다. 그리고 그 누군가가 아무리 어느 지역이나 길에 대해 훌륭하게 설명하고 묘사를 한다고 해도 나 자신이 그곳에 직접 가서 눈으로 만나는 것과는 그 느낌과 감동을 비교할 수 없다. 가이드북이나 여행 에세이를 담은 책에 아무리 멋진 사진이 실려있다고 할지라도 그 사진은 촬영자의 시각이 반영되어 있을 뿐이고, 또한 주변과 어떻게 연결되었는지 보여주지는 못하기에 한계가 있다. 게다가 사진 속에는 소리도 없고 냄새도 없고 바람도 없고 습도의 높고 낮음도 없으며 유쾌함이나 불쾌함도 없다. 때로는 가이드북이나 지역 정보가 지나치게 과장된 서술로 점철되어 있어서 큰 기대를 하고 갔다가 현장의 모습에 실망하기도 한다. 실망하는 때가 간혹 있더라도 이모저모로 정보를 얻어 길을 찾아 나서 계획했던 길을 바르게 찾고 걸어가는 것은 쾌감을 느끼게 까지 한다. 마치 퍼즐 맞추기에 성공하거나 빈칸에 숫자들을 채워넣으며 해답을 적어나가는 스도쿠 게임을 깔끔하게 마무리 한 것과 같은 성취감과 만족감을 준다. 그래서 길 찾는 고집(?)이 남자가 상대적으로 여자보다 강해서 다른 사람에게 길을 잘 묻지 않는 경향이 있다고 하는지도 모른다. 그런 남자의 고집스러운 모습을 풍자하는 유머도 있다. 이스라엘 백성을 이집트의 종살이로부터 이끌어낸 모세가 광야에서 사십년을 방황한 것은 그가 아무 가게나 주유소에 들러 길을 묻는 여자가 아닌 남자여서 그랬다고 하는 이야기다.

　　　　때로는 길이나 지역에 대한 정보가 없더라도 길의 존재가 있다는 것만 알고 가서 무엇이 있는지, 어떤 일이 벌어지고 있는지 보고 느끼고 싶어한다. 또는 길 자체에 빠져들어 전혀 알지 못하는 곳에 끌려가기도 한다. 그래서 돌아올 능력이 없는 어린아이들이 새로운 세계에 사로잡혀 혼자 멋대로 가다가 길을 잃어버리는 것이 아닐까. 중학교에 들어가면서 드라이버로 나사를 풀어 껍데기를 벗겨내면 기계의 속 내부를 볼 수 있다는 것을 알고선 대책없이 엄마의 손목시계를 해체한 후 뒷감당을 하지못해 혼이 난 것도 호기심 때문이었다. 무엇이 있을까, 어떻게 생겼을까, 또는 어떤 일이 벌어질까 하며 자신에게 던지는 질문에 스스로 확인하고 싶어 움직이게 하는 것은 호기심일 것이다.

미지의 세계와 연결되어 있는 길도 그 자체가 호기심으로 가득 차 있다고 해도 과언이 아니다. 몇 번씩 가 본 길이라도 걸을 때마다 다른 모습으로 다가와 익숙함 속에서 새로움을 느끼게 한다. 이름 모를 작은 새 몇 마리만 날아다니고 큰 변화가 없는 길을 걷는 것도 무료함보다는 길 자체가 지닌 매력에 빠지게 한다. 더구나 처음 가보는 길은 호기심을 더욱 자극한다. 작은 산허리를 돌아가는 길이 있으면 그 뒤에는 어떤 모습일까. 언덕을 오르는 길을 마주 대하면 언덕 너머에는 어떤 것이 있을까. 이 길은 어떤 길과 연결되어 있을까. 아스라이 어렴풋하게 보이는 그 곳에는 무엇이 있을까. 끊임없이 궁금해 하며 길을 걷는다. 호기심을 채우기 위해 길을 떠나는 것인지도 모르겠다. 그 궁금함과 호기심은 인생의 위대한 진리와 마주치기 마련이고 그래서 길을 걷는 것은 거룩한 일이 될 수밖에 없다. 처음 걷게 되는 길은 사람, 자연, 그리고 여러 사건과 새롭게 만나는 기회를 제공하여 부풀어 올랐던 호기심에 보상을 해 주어 감격하게도 하고 깊은 생각에 빠져들게도 하며 또 기도하게 만든다. 호기심과 함께 걷는 길에서 예상치 못한 사람들을 만나고 그들을 위해 기도하게 되는 것이다. 까미노 데 산티아고의 시작과 끝이 그랬다.

까미노의 여러 루트 가운데 프랑스 루트(French Route)는 프랑스의 생장피드포르(Saint Jean Pied de Port)에서부터 시작한다. 생장피드포르는 피레네 산맥 기슭에 있는 작고 아담한 마을로서 피레네 산맥이 스페인과의 국경이므로 하루 정도 걸어 피레네 산맥을 넘어가면 스페인 지역으로 들어가게 된다. 생장피드포르에 가기 위해서는 프랑스 남부의 도시 바욘(Bayonne)에서 완행열차를 타고 1시간 반 정도 가야한다. 열차는 2칸밖에 없는 시골 열차로 겨울철이어서인지 한산하고 여유로워 내가 탄 칸에는 7-8명 정도가 앉아 있을 뿐이었다. 바욘을 출발한 기차가 철교를 타고 강을 건너니 피레네 산맥이 눈에 들어온다. 멀리 머물러 있던 산봉우리들이 기차가 터널 몇 개를 지나고 나니 훌쩍 다가와 옆에 서 있다. 맑은 물이 흐르는 작은 강을 끼고 기차는 점점 산의 깊이를 향해 다가간다. 가이드북에는 생장피드포르에 산티아고 협회가 있고 그곳에서 순례자 증명서(Credencial, 크레덴시알이라고 하는 것으로 순례자들이 묵는 알베르게에 제시해야 하며 숙소에서는 숙소마다의 특징적인 문양이 들어있는 도장을 크레덴시알에 찍어준다)를 발급하는데 기차에서 내려 순례자들만 쫓아가

산티아고를 향해 걸었던 길 약도

면 쉽게 찾을 수 있다고 되어 있다. 그러나 그것은 순례자들이 넘쳐나는 여름철에 해당하는 것으로 겨울에는 전혀 다른 양상이다. 기차에서 내린 4-5명의 승객들 가운데 순례자로 보여지는 사람은 나 외에 다른 한 명의 젊은 여자뿐이었다. 서로 순례자임을 직감하고 인사를 나누고 확인한 후 통성명을 한다. 마드리치야라는 이름의 헝가리 여자다. 둘이 의기투합하여 함께 산티아고 협회 사무실을 간신히 찾았지만 문이 닫혀 있고 숙소인 알베르게(albergue)만 열려 있다. 그 알베르게에 들어가 보니 난방이 전혀 되어 있지 않을 뿐만 아니라 프랑스어만 하여 말이 전혀 통하지 않는 할머니 한 분이 지키고 있어서 어떻게 운신을 해야 할지 감이 잡히지 않는다. 어쩔 수 없이 그 알베르게를 나와서 다른 사설 알베르게를 찾아 짐을 풀었다. 다음날 알베르게의 식당에서 아침을 먹으며 마드리치야와 이야기를 나누었다. 직업이 변호사인 그녀는 자신이 왜 이 겨울에 혼자 걷게 되었는지 스스럼없이 말한다. 까미노는 생각지도 못했던 사람들을 만나게 하고, 그 사람들이 마음을 쉽게 열어놓도록 하는 힘이 깃들여 있었다. 남자 친구와 갈등이 있어서 그 해결책을 생각해 보기 위해 길을 걷게 되었다고 한다. 발레리나인 남자 친구가 자신의 미래가 불투명한 것으로 인해 짜증을 내고 모든 문제 원인이 마치 그녀에게 있는 것처럼 대하기 때문에 그녀는 매우 아파하고 있었다. 그녀는 길을 걸으며 위로받고 치유받기를 기대하고 있었다. 나의 신분이 교수이면서 개신교 성직자임을 밝히고 기도와 명상을 하기 위해 왔다고 얘기하면서 '너를 위해서도 기도하겠다'고 말하고는 일어섰다. 기도를 해 주겠다고 약속해서가 아니라 까미노는 누구를 위해서든 기도할 수 있는 넉넉한 마음과 시간을 주는 신비의 길이었으며, 길을 가면서 그녀가 잘 걷고 있을까 궁금해 하기도 하며 마드리치야를 위해서 기도를 하곤 했다.

산티아고의 정식 명칭은 산티아고 데 꼼뽀스뗄라(Santiago de Compostela)이다. 그 이름을 직역하면 '별이 빛나는 들판의 성 야고보'라고 할 수 있을 것이다. 전설에 의하면 목동들이 들판에서 크게 빛나는 별을 보고 성 야고보의 유해를 발견하여 붙여진 이름이라고 한다. 순례의 길을 다 걷고 산티아고에 도착한 후 산티아고 순례자 협회 사무실을 찾아가 순례자증명서(크레덴시알)을 제시하면 그 위에 찍힌 알베르게의 도장들을 보고 걸은 거리를 확인하고서 까미노를 걸었다는 증명서를 준다. 최소 200km 이상을 걸었음이 확인되어야 증명서를 준다. 증명서를 받은 후 산티아고 대성당에서 낮 12시에 있는 순례

산티아고 성당 앞 광장

자를 위한 미사에 참여하게 된다. 겨울비가 부슬부슬 내리는 날, 산티아고 대성당을 둘러보고 예배에 참여한다. 성당은 단독 건물이 아니라 다른 건물들과 연결이 되어 성채와 같은 모습을 띄고 있다. 계단을 통해 이층으로 올라가면 성당의 입구가 나오고 그 입구의 문을 '영광의 문(Portico de la Gloria)'이라고 부르는데 예수 그리스도를 비롯한 많은 사도들과 상징들이 조각되어 있으며 가운데 기둥에는 이새(Jesse)의 나무(이새의 아들이 다윗이고, 그 자손이 예수 그리스도라는 내용을 전하는 상징)와 야고보의 상이 새겨져 있다. 오래 전부터 순례자들이 산티아고에 도착하면 우선적으로 기둥 중간에 있는 이새의 나무를 붙들고 무사히 도착하게 하신 주님께 감사를 드렸다. 몇 세기

이새의 나무가 새겨진 기둥에 손을 대고 있다.   이새의 나무에 손가락이 희미하게 남아 있다.   산티아고 거리 저녁 풍경

를 지나는 동안 사람들이 손으로 만진 자리가 닳아서 현재는 다섯 손가락을 집어넣을 수 있을 정도로 대리석 기둥의 그 부분만 반질반질해지고 하얗게 빛나고 있었다. 순례자뿐만 아니라 관광객들도 많이 들어가는 사람마다 손바닥을 펴서 손가락을 맞추느라고 줄을 설 지경이다.

낮 12시. 순례자를 위한 미사가 시작되었다. 산티아고 성당에는 가톨릭교회 가운데 가장 큰 은으로 된 향로가 있다. 보따푸메이로(botafumeiro)라고 불리는 이 향로는 순례자를 위한 미사에서 가끔 사용되는데 예배당 중앙 천장에서부터 늘어뜨린 기다란 밧줄에 매달려 그네를 타듯이 예배당 안을 왔다갔다 하며 연기를 내뿜는 모습이 장관이라고 한다. 향로를 움직여 꽤 높은 높이까지 진자운동을 시키는데 8명의 남자가 줄을 붙잡고 힘을 쓴다고 한다. 혹시 향로가 움직이지 않을까 하고 기대를 해 보았지만 향로는 등장하지 않았다. 예배는 스페인어로 진행되어 알아들을 수 없었지만 설교를 하기 전에 협회

에 신고하고 증명서를 받은 순례자들을 소개한다. 이름은 밝히지 않고 출신국가나 도시를 언급한다. '한국에서 온 한 남자'라는 스페인어가 귀에 들어온다. 예배가 끝나니 낯익은 얼굴이 몇 있다. 이름은 기억 못하지만 지난 며칠 동안 같은 알베르게에 머물렀고 길에서 스쳐가며 인사를 나누었던 얼굴들이었다. 영어를 할 줄 아는 사람들과는 의사소통이 가능했지만 그렇지 못할 경우에는 길을 걷는 모든 사람에게 통하는 "부엔 까미노(Buen camino, 직역하면 좋은 길이란 뜻)"라는 말을 하면서 인사를 나누며 미소를 주고받는 것이 통상적인 방법이다. 낯익은 얼굴 중의 한 여자가 나에게 다가와 인사를 한다. 말이 통하지 않아 아르헨티나 출신이라는 것밖에 아는 것이 없는 30대 초반 정도의 여자다. 두 손을 합장하듯 모으며 몸짓으로 전하는 그녀의 말과 표정은 나

길에서 만난 젊은이들. 맨 앞이 이나벨, 옆이 키렌, 뒤에 세르그. 마지막은 미국인 여교사 케이건

를 위해서 기도할테니 나도 그녀를 위해서 기도해 달라는 것이었다. 고개를 크게 끄덕이며 그녀와 힘차게 포옹을 하고는 헤어졌다. 다시금 목이 메며 눈시울이 붉어진다. 까미노는 사람들을 순수하고 맑게 만든다. 일상생활을 살아가는 사람들의 인생이 순례자와 다름이 없는 것인데, 까미노를 걷는 사람들과 같은 마음을 가지고 살 수는 없을까. 개인적인 친분이나 이해관계가 없더라도 서로를 위해 기도해주며 돕고 배려하는 마음으로 살아간다면 인생이 더욱 아름다울 것이다. 마지막까지 기도로 이끄는 힘이 길에 담겨 있었다.

  길에서의 새로운 만남은 감동을 받는 순간이 되고 그 순간은 기억 속에 머무르며 오래 지속된다. 출발지인 생장피드포르로부터 120여km를 가면 이라체(Irache) 수도원이 나타난다. 수도원 문 앞에는 벽면에 붙어있는 두 개의 수도꼭지가 있다. 오른 쪽 꼭지 위에는 '아구아(agua, 물)'라는 표식판이, 왼쪽에는 '비노(vino, 포도주)'라는 표식이 붙어있다. 한 쪽에서는 물이, 다른 한 쪽에서는 포도주가 꼭지를 틀면 계속 흘러나오는 것으로 밤과 새벽을 제외한 낮 시간이 지나가는 순례자들은 누구나 자유로이 마시고 담아갈 수 있다. 이라체 수도원에 오기 전 가이드북이나 앞서 순례를 한 사람들의 글을 통해 꼭지를 틀기만하면 포도주가 나오는 곳이 있음을 알고 무척이나 신기하게 생각했었다. 그러면서 '아무리 공짜라고 하지만 물통에 담아가기까지 할 필요가 있을까'라고도 생각했었다. 그러나 꼭지를 틀어 나오는 붉은 포도주를 한 모금 마시고 난 후 바람불고 추운 겨울날 붉은

포도주가 나의 몸을 훈훈하게 만드는 데 큰 도움이 됨을 알게 되었고 나 역시 물통에 포도주를 받아 채웠다. 수도원에서 공짜 포도주를 마신 후 성찬식이 떠올랐고 '예수 그리스도의 피'에 대해 생각하며 걷게 되었다. "예수 그리스도의 피는 나에게 어떤 의미인가? 성령의 임함이 예수 그리스도의 피흘림 없이도 가능한 것인가?" 실로 예수 그리스도는 스스로를 나에게 값없이 주셨고, 포도주는 그 귀한 피가 값없이 주신 은혜 자체임을 나타내는 것이었다. 그래서 그 수도원에서는 귀한 포도주를 누구에게나 거저 주는 것인지도 모르겠다.

  이라체 수도원을 지나 밀밭과 포도밭 사이의 황톳길을 걸어가고 있는데 청년 셋이 빠른 걸음으로 다가와 같이 걷게 되었다. 그들은 지난 밤 비교적 큰 도시인 에스떼야(Estella)의 알베르게에서 같이 묵었던 사람들이었다. 그 중에 한 명은 이미 알베르게에서 인사를 나누어 멕시코인이며 이름이 세자르라는 것을 알고 있었다. 자신의 직업이 글을 쓰는 프리랜서라고 소개하는 그는 큰 덩치에 눈이 부리부리하고 턱수염이 검게 난 것이 영락없이 서부영화에 나오는 산적과 똑같다. 또한 체격만큼이나 목소리도 커서 말할 때와 웃을 때는 넓은 알베르게를 쩡쩡 울리게 하였다. 다른 두 명의 청년은 장애인을 위한 사회복지를 공부하고 있는 선머슴같은 덴마크 여대생 카렌과 아티스트라고 소개한 아르헨티나인 아니발이다. 왼손잡이인 아니발은 자신이 손수 만든 차랑고(charango, 작은 기타)를 메고 가며 노래를 불러 같이 걷는 사람들을 기쁘게 해 주었다. 또 '짤텐'이라는 이름의 안데스 산맥에 인접한 나라들의 전통노래를 설명해 주기도 한다. 이야기를 나누며 노래를 들으면서 걷는 길이 참으로 평온하고 행복하였다. 그들과 같이 걷다가 갑자기 그들이 바로 하나님이 보내신 천사라는 생각이 들며 눈물이 쏟아진다. 마음을 진정하고 옆에 걷는 아니발에게 울먹이며 "너희들이 천사로 보인다"라고 하자 그는 한동안 말이 없이 훌쩍이기만 한다. 서로가 말없이 묵묵히 걸었다. 나도 들판길을 앞만 보고 걸었지만 뺨을 타고 흘러내리는 눈물을 차가운 겨울바람에 맡길 수밖에 없었다. '아, 이런 것이 고통스럽게 걷는 길에 나타나는 하나님 은혜의 한 조각이구나' 하는 느낌이 들었다. 물집 때문에 아픔이 남아 있어 발바닥은 뻐근하지만 발걸음이 가벼워짐을 느끼는 순간이었다.

걷는 속도가 달라 아니발과 계속 동행하지 못하고 다음날부터 내가 앞서 가면서 그와 헤어지게 되었지만 열흘쯤 지나 다른 사람을 통해 그의 소식을 듣게 되었다. 생장피드포르로부터 550여km 떨어진 곳에 만하린(Manjarin)이란 지명이 있다. 큰 산을 넘어가는 고개 정상 가까이에 위치한 곳으로 마을이 아니라 카페가 하나 있는 것이 전부다. 카페에 다가가면 카페 주인이 카페 입구에 달려 있는 종을 울린다. 그 종은 성 야고보에게 보내는 신호로 길을 가는 순례자가 있으니 보호해주기를 부탁하는 것이라고 한다. 힘들고 외로운 길이지만 기분 좋은 미소를 짓게 하는 매력을 간직한 곳이었다. 만하린 카페에 들러 차와 오렌지 하나 그리고 과자를 몇 조각 먹고 길을 나설 때 기골이 장대한 사내를 만났다. 키가 크고 성큼 성큼 걷는 걸음이 어찌나 빠른지 도무지 따라 잡을 수 없을 만큼 빨리 걸어 내 시야에서 순식간에 사라졌던 인물이다. 이름은 사비에르. 스페인 남자로 바르셀로나에 거주하며 학교 직원이라고 자신을 소개한다. 그는 영어를 썩 잘하지 못하지

만하린   뽄페라데(Ponferrade) 성에서 기세를 잡은 사비에르

만 의사소통이 될 정도는 한다. 내가 한국 사람이라고 하자 그가 혹시 이름이 '호'가 아니냐고 되묻는다. 그렇다고 하자 그는 놀랍고 반가운 이야기를 전해 주었다. 사비에르가 5일 전에 이떼로(Itero)를 지나면서 아니발을 만났으며, 매우 빠르게 걷는 사비에르를 보고 혹시 길을 가다가 나를 만나게 되면 자기 대신에 꼭 허깅(포옹)을 하며 안부를 전해달라는 부탁을 받았다는 것이다. 색다른 감동이었다. 가슴 속에서 뜨거운 것이 솟구쳐 올라 눈물이 터질 것만 같아 참느라고 무진 애를 써야만 했다. 아니발은 다리가 좋지 않아 자전거를 구입해 순례를 계속할 것이라고 하며 혹시 만날지도 모를 것이라고 전해준다. 그러면서 나를 꼭 안아준다. 가슴이 북받쳐 오른다. 오랜 동안 헤어져 있던 사랑하는 사람의 소식을 듣는 것 같다. 그를 위해 기도하지 않을 수가 없다. 다른 사람을 위해 기도한다는 것만큼 아름다운 것이 있을까. 나 자신이 아닌 다른 사람을 위해서 나와 관계없다 할지라도 중보기도하는 것은 참으로 소중한 일이다. 하지만 중보기도에서 기도의 대상에 대한 관심과 사랑이 결핍되면 그 기도는 형식적이고 마지못해 하는 것이 되어 바람직하지 못하다. 물론 중보기도를 하면서 그 대상에 대해 더 관심을 기울이고 사랑할 수 있게 될 수도 있다. 그러나 기도는 관심을 갖기 위한 방편이 아니다. 우리가 기도와 찬양을 하며 은혜와 평화를 간구하는 가운데 나타나는 것은 하나님의 능력이다.

길을 가며 갖는 호기심은 내일은 어떤 세상을 보게 될까 하는 기대를 잉태한다. 그 기대는 황홀한 자연을 보고 접하게 되면서 채워지고 기쁨과 환희로 이어져 나간다. 카투만두 북쪽에 랑탕(Langtang) 국립공원이 있다. 히말라야에 있는 국립공원들 가운데 계곡의 정취가 가장 뛰어나다고 알려진 곳으로, 승려가 달아나는 야크를 쫓아가다가 발견했다는 전설을 뒷받침하듯 랑탕은 '야크를 따라가다'라는 의미를 담고 있다. 카투만두에서 버스를 타고 둔체(Dhunche)를 거쳐 샤브루베시(Syabrubesi)까지 약 150km를 간 후 랑탕 계곡을 걸을 수 있다. 카투만두에서 랑탕까지 거리는 그다지 멀지 않지만 가는 길의 반절 이상이 비포장도로이고 험한 산을 오르내리며 지나쳐 가기 때문에 10시간 이상 걸린다. 낡은 버스에는 사람이 빼곡히 올라타 좁은 공간에 끼여 꼼작하지 못하고 시달리며 가야 하는 것이 고문당하는 기분이다. 버스 지붕 위에도 짐과 사람을 엄청나게 싣고 뒤뚱거리고 가기 때문에 뒤집혀지지 않을까 하는 조바심을 떨치지 못하게 한다. 산허리를 파서 낸 길을 지나노라면 아래로 계곡이 까마득하게 보이고 절벽 위를 달리는 것 같다. 버스가 하늘로부터 내려온 가느다란 줄에 매달려 가고 있다는 느낌이 들고, 염려하는 마음에서 벗어나고자 일부러 눈을 감고 잠을 청하기도 한다.

  먼지를 뒤집어쓰고 힘들게 접근할 수밖에 없지만 거대한 산은 마음과 몸을 편하게 해 준다. 나무들이 울창하고 높은 산으로 둘러싸인 계곡은 포근한 오솔길과도 같다. 계곡 뒤편에 보이는 설산은 저녁 햇살에 산이 붉어지고 이어서 연보라색의 신비한 빛으로 바뀌어 간다.

대낮부터 능선 위를 지키던 반달은 밤이 되면 은빛을 뿌려대며 선녀가 내려오는 길을 밝히고, 계곡을 휘감아도는 풍성한 물소리는 모든 것을 벗어버리고 몸을 담가 씻으라는 끊임없는 유혹의 울림을 퍼뜨린다. 금성은 산속 작은 마을로 들어오는 입구에 서있는 큰 소나무에 걸려 불을 밝히고 있다. 랑탕 계곡의 끝에 있는 캉진 곰파(Kyanjin Gompa, 3870m)에 머무르다가 고사인쿤드(Gosainkund, 4460m) 호수에 가기 위해 길을 나섰다. 고사인쿤드는 한바퀴 도는 데 약 45분이 소요되는 고산지대에 있는 큰 호수로 힌두교의 신 시바가 그의 이빨로 빙하를 뚫어 만들었다는 전설이 담겨져 있는 힌두교의 성지이다. 이 호수의 물은 지하로 빠져 60여km를 흘러 카투만두 남쪽 외곽에 있는 파턴(Patan)의 시바 신을 모신 쿰베시와르 사원의 연못으로 솟아오른다

고사인쿤드

고 하며 8월 보름달이 뜨는 때에 이곳에서 예배하고 몸을 씻기 위해 몰려드는 순례자들로 넘쳐난다고 한다. 호수로 향하는 길을 오르다 보면 계곡에서 벗어나 능선길로 접어들게 되며 시야가 점차 넓어진다. 능선 위에 위치한 찰랑파티(Chalang Pati, 3650m)에서 라우레비나(Laurebina, 3920m)를 향해 올라가는 길에서 주변 경관에 빠져 나도 모르게 눈물을 터뜨리고 말았다. 서쪽으로 멀리 마나슬루와 안나푸르나 산군이 눈에 들어왔다. 만년설을 품고 있는 산들이 마치 천군천사가 하얀 옷을 입고 그 위에 깃털 날개를 걸치고서 도열해 있는 것 같다. 하늘나라의 형상이다. 형언할 수 없는 아름다움에 빠져 울 수밖에

랑탕 II(6,561m)의 모습

없었다. 유대교 학자인 아브라함 요수아 헤셸(Abraham Joshua Heschel)은 "문제의 알맹이는 우리가 생각하는 법, 기도하는 법, 우는 법, 그 숱한 설득자들의 속임수에 항거하는 법을 모르는 데 있다"고 하며 삶 속에서 우는 법을 배워야 한다고 하였다. 길은 우는 법을 가르치는 공간이었다. 운다는 것, 그리고 눈물의 의미가 생명과 사랑의 근원으로 돌아가려는 것으로 마치 길을 품고 있는 대지로 향하는 것과 같음을 알게 하는 공간이었다. 밤에는 보름달이 떠서 밝게 비추고 산들은 묵묵히 서서 조용히 미소를 보내고 있었다. 어둠을 가르는 바람소리만 간간히 들릴 뿐 아무 소리도 들리지 않지만 천군천사들이 합창을 하며 환희의 노래를 부른다. 보름달 빛 속에서 벌어지는, 소리는 들리지 않는 떠들썩한 잔치의 모습이다.

　　　산길을 걸으면서 높은 곳에 오르고자 하는 내면에는 호기심이 작용함

칸탕 위에 뜬 보름달

라우레비나에서 바라본 경관

을 부정할 수 없다. 산의 높낮이를 떠나 산을 힘들게 오르는 사람들을 향해 올라가면 다시 내려올 것을 왜 오르느냐고 흔히 질문을 던진다. 그에 대해 산을 좋아하는 사람들은 정신적이고 육체적인 건강에 좋다든지 또는 철학적 사유를 하며 의미있는 삶의 행위라는 등 여러 가지 답을 제시한다. 오르기 힘든 산을 올랐을 때는, 성취감이 따르는 것도 사실이며 그런 점을 즐기는 사람도 있을 것이고 혹은 정복을 우선순위로 놓고 승리감에 도취되어 있는 사람도 있을 것이다. 그러나 조금이라도 높은 곳에 오르고자 하는 동기의 밑바닥에는 그곳에 섰을 때 무엇이 보이며 어떻게 보일지, 그리고 어떤 느낌이 들지 확인하고 싶은 마음이 자리잡고 있다고 할 수 있다. 더 넓은 세계를 보고 싶은 작은 욕심이 작용하는 것이다. 이틀이나 사흘 길이 되는 랑탕 계곡을 오르면 해발 3780m에 위치한 마지막 마을 캉진 곰파에 다다른다. 6,7개의 롯지를 포함해 30여채의 집이 있는 캉진 곰파는 높은 산들로 둘러싸여 분지와도 같다. 동쪽으로 강 첸포(Gang Chhenpo, 6388m), 북쪽으로는 빙하 위에 솟구쳐 있는 킨슝(Kinshung, 6781m)과 랑탕 리룽(Langtang Lirung, 7246m)이 만년설을 머리에 이고 의연하게 서 있다. 계곡은 계속되어 깊은 산들 사이로 들어가지만 더 이상 마을이 존재하지 않아 개별 여행자들은 캉진 곰파의 롯지에 머물르며 당일치기로 주변을 둘러볼 수밖에 없다. 주변의 높은 봉우리로 하루에 다녀올 수 있는 것은 캉진 리(Kyanjin Ri, 4773m, '리'는 봉우리라는 뜻)와 체르고 리(Tsergo Ri, 4984m)가 있다. 체르고 리가 마을에서 더 멀리 떨어져 있지만 더 높아서 도전하고픈 마음이 들었다. 밀가루 덩어리인 티베트 빵 하나, 삶은 달걀 2개, 초콜릿, 육포와 물을 작은 배낭에 챙겨 넣고 체르고 리를 향해 올랐다. 4000m의 고산지대에서 1200m를 올라가는 것은 무척 힘든 일이다. 나무가 거의 없는 붉은 색의 민둥산이고 게다가 중반 이후부터는 길이 가팔라져서 직벽을 오르

설산 뒤로 저무는 보름달

왼편사진 윗줄 왼쪽: 랑탕 마을 원경. 가운데와 오른쪽: 캉진 곰파 가는 길
가운데줄 왼쪽: 캉진 곰파 마을, 오른쪽: 캉진 곰파 가는 길
아랫줄 왼쪽: 체르고 리를 향해 오르는 절벽과 같은 길, 오른쪽: 체르고 리에서 본 랑탕 계곡. 캉진 곰파 마을이 조그맣게 보인다.

걸었던 랑탕지역의 약도

강탕 리롤을 배경으로 한 체르고 리의 정상
수많은 깃발이 나부끼고 있다.

강첸포의 모습

는 것과 같다. 잘못하여 발을 헛디디면 몇 백 미터의 급경사로 굴러떨어질 판이었다. 모래 사면이 나타나고 길이 분명하지 않아 더욱 힘들게 한다. 긴장의 연속이고 기도의 연속이다. 오르고 내리는 길에 아무도 없고 혼자 걷는 길이다. 동행자와 대화의 상대는 하나님밖에 없다. 체르고 리 정상에 다다랐을 때 '감사합니다' 라는 고백이 저절로 나왔고, 더불어 '주님 사랑합니다' 라는 외침이 터져 나왔다. 정상에는 수많은 깃발이 나부끼며 거친 바람소리를 드러내고 있을 뿐이었다. 동서남북 사방을 조망하는 맛은 무엇과도 비길 데 없다. 산자락 밑에 깨알같이 보이는 캉진 곰파의 집들, 길게 뻗은 계곡, 그리고 병풍 두르듯이 들러서 있는 설산들, 모두가 숨막히게 하는 것들이었다. 이런 것을 볼 수 있다는 자체가 행복이었다. 감사와 찬양의 기도가 수시로 솟아올랐다.

높은 곳을 오르고 싶어 한 것은 에베레스트 산에서도 예외는 아니었다. 남체(Namche)에서 고쿄 트렉(Gokyo Trek)을 따라 3,4일 걸어 오르면 마지막 마을로 해발 4780m에 위치한 고쿄(Gokyo)가 나온다. 고쿄는 두드 포카리(Dudh Pokhari)라는 호수 옆에 7-8개의 큰 롯지로 형성되어 있어서 트레킹을 하는 사람을 위해 만들어진 마을이라고 해도 과언이 아니다. 롯지에서는 야크 똥을 말려 난로의 연료로 사용하는데 갈탄을 태울 때와 비슷하게 메케한 연기가 나고 냄새를 맡으면 머리가 어지럽다. 게다가 산소가 부족한 고산지대여서 연기를 들이마시면 가슴이 답답하며 속이 매스껍고 울렁거린다. 고쿄 옆에 검

붉은 흙과 바위로 된 봉우리가 있다. 고쿄 리(Gokyo Ri, 5483m)로서 이곳에 오르면 에베레스트 산군이 잘 보이고 25km 이상 떨어진 에베레스트 산이 선명하게 다가와 보인다. 고쿄 리를 오르는 길은 숨이 가빠서 도를 닦듯이 한발 한발 천천히 옮길 수밖에 없다. 종종 강한 겨울 바람이 매섭게 몰아쳐 몸에 부담을 더한다. 정상에 서서 보는 전경은 고생을 하며 올라올만한 가치가 있음을 입증하였다. 호숫가의 작은 마을이 내려다 보이고, 촐라체와 타보체가 남쪽에 있고 동편으로는 에베레스트와 눕체(Nuptse, 7879m), 로체(Lhotse, 8501m)가 눈에 들어오며 북쪽에는 초오유(Cho Oyu, 8153m)가 자리를 잡고 있다. 세계의 지붕이라고 일컬어지는 곳에서 비록 처마 끝에 매달려 넘보는 것과 같지만 그 끝자락이라도 나의 몸을 담가 직접 대면하고 있음을 생각할 때 몸이 떨고 있음을 느꼈다. 몸의 떨림은 추운 바람 때문은 아니었다. 하나님께서 태초에 만들어 놓으신 신비를 깊이 들이마심으로 인한 떨림이었다. 사진을 찍고 산 아래 멀리 작게 눈에 들어오는 걸어올라왔던 길과 앞으로 진행할 방향을 눈으로 더듬어 보기도 한다.

  고쿄에서 에베레스트 베이스캠프로 가기 위해서는 올랐던 길을 이틀 정도 걸어 다시 내려와 남체 가까이 온 후 새로운 길을 따라 3-4일을 올라가야만 한다. 고쿄와 에베레스트 베이스캠프 사이어 촐라체와 타보체를 품고 있는 높은 산맥이 가로막고 있어서 우회해서 가야만 하기 때문이다. 우회하지 않고 곧바로 산맥을 넘어 질러가는 지름길이 있기도 하다. 그러나 그 길은 초 라(Cho La) 라는 고도

5420m의 지점을 통과해야 하고 중간에 마을이나 롯지가 없어 하루 안에 지나가야 하며 낮에 먹을 음식을 준비해야만 하는 등 심리적으로, 그리고 육체적으로 부담을 주는 길이다. 겨울에는 눈이 많이 오면 폐쇄되는 길이기도 하다. 산맥을 넘어가기로 결심을 하고, 아침 일찍 고쿄에서 20kg 정도 나가는 배낭을 단단히 꾸리고 조심스럽게 초 라를 향해서 움직이기 시작해 응고줌파(Ngozumpa) 빙하지대를 지났다. 지도에는 빙하라고 표시되어 있어서 두꺼운 얼음으로 그득 채워져 있는 지역이라고 상상을 했다. 그러나 빙하가 쓸고 지나간 자취만 있는 곳으로 몇 군데 잿빛 물이 얼어있을 뿐이고 공사장의 크고 작은 돌들을 트럭들이 쏟아 부어놓은 것 같다. 돌덩이들의 쌓인 규모가 엄청 커서 공사장의 미로를 걷는 기분이 들며 기상이 좋지 않아 주변을 볼 수 없을 경우에는 가야할 방향을 바로 잡기가 매우 힘들 것으로 여겨졌다. 초 라 고개를 오르는 길은 예상했던 것보다 더욱 험악하다. 5000m 지점부터 경사가 가팔라지고 길이 급상승하며 공포에 빠지게 한다. 나를 향해 굴러 내려오지는 않지만 몇 십 미터 떨어진 곳에서 돌들이 요란한 소리를 내고 떨어지며 흙먼지를 일으킨다. 마지막 200여 미터는 급경사면에 돌과 굵은 모래가 뒤엉켜 있어 흘러내리기도 하는 길(샌드 슬라이딩, sand sliding)로서 등산 스틱을 접어 배낭에 넣고 두 손과 두 발로 땅을 짚어 엉금엉금 기어오를 수밖에 없었다. 심리적으로나 육체적으로 이처럼 힘들게 등산하는 것을 경험해 본 적이 없었다. 지나치게 긴장한 탓인지 종아리에 쥐가 나려고 한다. 오르는 길이

끝나기를 학수고대하며 기도를 한다. "나를 불쌍히 여기시옵소서." 거친 고갯길에 매달려 있는 하나의 점과 같은 존재인 나를 보고 하나님은 얼마나 안쓰러워 하셨을까? 극도로 조심하는 가운데 식은땀을 흘려가며 고개 끝에 도달하여 올라서니 바람이 심하다. 뒤돌아보니 반나절 고생하며 올라왔던 길이 보인다. 눈을 돌려 반대편을 보니 가야할 길을 품은 계곡이 새롭게 펼쳐져 있었다. 점심을 비상식량인 비스킷과 초콜릿으로 때워 몸의 힘은 없지만 문지방과 같은 경계선에 서서 양쪽을 내려다보는 기분은 몸이 가벼워지는 상쾌함으로 가득 채워졌다. 두려움과 걱정에서 해방되어 새로운 세상을 향한 기대로 힘과 용기가 솟아오르는 것은 힘든 고비를 넘기고 높은 곳에 올라서서 주위를 둘러볼 수 있을 때 나타나는 결과라고 할 수 있겠다. 내려오는 길은 배낭 옆에 매달린 물통의 물이 꽁꽁 얼 정도로 추웠지만 평온했다.

에베레스트 베이스캠프로 가는 길에서 마지막 롯지들이 있는 곳의 이름은 고락 세프(Gorak Shep)로 해발고도는 5160m이다. 고락 세프에서 하룻밤 자는 것은 고산에 어느 정도 적응이 되어 있어도 편하지 못하다. 머리가 어지럽고 체력이 급격하게 저하해 추위를 더욱 심하게 느끼게 되고 잠을 자면서 숨이 차고 가슴이 답답해 옴을 가끔 경험하게 된다. 고락 세프의 롯지에 짐을 맡기고 사람들은 베이스캠프(5360m)나 칼라 파타르(Kala Pattar, 5545m)를 다녀온다. 베이스캠프까지는 2-3 시간이 걸리지만 베이스캠프에서는 에베레스트 산 자체가 보이지 않기 때문에 2시간 정도 올라가는 칼라 파타르를 사람들이 선호해 오른다. 키가 매우 작은 억센 풀이 덮혀 있는 칼라 파타르는 '검은 바위'라는 뜻으로 고락 세프 옆에 있는 큰 봉우리로서 에베레스트 산을 조망하는 데 최적의 장소로 일컬어지고 있다. 고락 세프의 롯지에서 잠을 자고 새벽에 서둘러 캄캄한 길을 올랐다. 경사가 심한 길을 힘들고 숨이 차서 매우 천천히 올라가는 사람들의 모습이 랜턴 불빛 속에 들어온다. 편안하게 오를 수 없는 길이고 추위에 시달릴 수밖에 없는 길이다. 정상을 향해 오를수록, 그리고 날이 밝아옴에 따라 시야가 넓어진다. 정상은 매우 춥지만 떨리는 몸과 마음을 움켜잡고 에베레스트 산 위로 떠오르는 해의 모습을 만끽할 수 있었다. 오리무중과 같은 인생길에서도 작은 빛으로 함께 하신 주님께서 거칠 것이 없는 큰 빛으로 나를 덮어주시는 것 같았다. 해가 뜨자 따스한 기운이 감돈다. 공기가 희박한 고산에서도 어김없이 동일하게 햇빛은 위력을 발

칼라파타르

에베레스트와 빙하

휘해 딱딱하게 얼었던 장갑이 부드러워지며 손끝이 녹는다. 동쪽으로 보이는 에베레스트 주봉을 비롯하여 눕체(Nuptse, 7879m)와 북쪽의 손을 뻗으면 닿을 것 같은 푸모리(Pumori, 7145m), 그리고 남쪽의 출라체 등을 마음속으로 크게 소리질러 환호하며 감상을 한다. 호기심이 작용하여 만든 기대에 대한 보상이었다.

길을 가는 데 필요한 호기심은 궁금한 점을 해소하고 만족감을 누리며 머무는 것으로 끝나지 않고 앎과 깨달음으로 연결된다. 길을 따라 계속 전진하도록 하면서 길에 깃들인 의미를 받아들이게 한다. 세실 가테프(Cécile Gateff)가 『걷기의 기적』에서 "걷기는 사람과 사물을 만나게 하거나, 그들로부터 멀어지게 한다. 걷기를 통해서 우리의 몸과 영혼이 앞으로 나간다. 걷기는 때로 개별성과 차별성을 말살하는 이 세상에서 무언가를 요구하고 항의하는 수단이 되기도 한다. 걷기는 독립과 자유를 제공하며 고립과 고집에서 벗어날 가능성을 제공한다."고 설명하듯이 길에서 자연과 사람을 만나고 헤어지면서 더 넓은 세계를 맛보게 되는 것이다. 길에서는 자유롭게 다가가거나 멀어질 수 있는 자유의지가 있으며, 그 본질에는 항상 좋은 것이나 바라는 것을 향하는 의지, 더 크게 포괄적으로 말하면 절대적인 것 즉 하나님을 향해 나아가려는 의지가 숨어있다고 할 수 있다. 호기심은 길을 가며 기도하는 것의 동반자이다.

깔라파타르에서 본 정경

에베레스트의 일출

깔라파타르 정상에서 푸모리를 배경으로

포터들의 등짐. 머리띠를 사용하고 T자 깊은 지팡이를 효율적으로 쓴다.

3.
고 통

포터들. 머리띠를 사용하고 T자 짧은 지팡이를 효율적으로 쓴다.

걷는 것은 두 발로 땅을 딛고 한 발씩 옮기는 단순하면서도 기본적인 행위이다. 걸어가면서 머릿속으로는 하늘을 나는 상상을 하고 정신은 높은 경지를 향해 솟구친다고 할지라도 발은 땅을 디뎌야만 한다. 걷기가 이와 같이 명백하고 평범한 사실에 기초하고 있지만 동반되는 현상은 다양하며 그에 따른 의미와 느낌도 복잡하고 미묘하다. 걸어서 세계를 일주한 이브 파칼레(Yves Paccalet)는 『걷는 행복』에서 걷기의 이러한 특징을 역설적으로 표현하고 있다. "어떤 것도 이보다 간단하지 않으며, 어떤 것도 이보다 복잡하지 않다. 어떤 것도 이보다 더 평범하지도 않으며, 심오한 의미를 담고 있지도 않으며, 고통과 기쁨이 혼재되어 있지 않다."

걷기 위해 땅을 접촉하는 신체의 부위는 발이다. 직립하여 이동하는 인간에 있어서 발은 몸 전체를 떠받치고 있는 것으로서 존재의 밑바닥이라고 할 수 있다. 그렇다고 냄새나고 통풍이 잘 안되는 신발 속에서 궂은일을 도맡아 하고 있는 발의 감각이 무딘 것은 아니다 오히려 몸 전체와 연결된 감각 신경이 널리 퍼져 있어서 작은 자극에도 온 몸이 반응하게 되어 있다. 사람에 따라 차이는 있지만 발바닥을 간질이면 온 몸이 까무러치듯이 움직이기도 한다. 또 발바닥을 강하게 때리면 그 고통은 온 몸을 훑고 지나가 머리끝에 강한 충격을 주어 몸이 오그라드는 느낌을 받게 된다. 그렇게 고통을 주고 공포를 불러일으키면서도 겉으로 드러나는 상처가 없어 고문 방법으로 사용되기도 하였다. 동양의학에서도 발바닥이 오장육부를 비롯하여 신체 각 부위와 연결되어 있다고 설명하면서 발을 소중하게 다루어야 한다고 역설하고 있다.

걸어가는 발은 땅을 밟아야만 하며 흙과 분리될 수가 없다. 인간의 몸은 흙에서 나와 죽으면 흙으로 다시 돌아간다. 인간이 흙을 기억하는 것은 흙으로 돌아감을 인식하는 것이다. 모든 종교는 누구도 비껴갈 수 없는 죽음과 연관된 문제들을 해결하려고 하였고 죽음을 부정적으로만 다루지 않아 죽음의 현실을 통해 참다운 삶을 추구하도록 하였다. 그래서 서구에서는 라틴어 경구인 '메멘토 모리(memento mori)'가 강한 호소력을 가지고 받아들여졌다. '죽음을 기억하라!' 는 이 강렬한 메시지는 흙을 밟고 걸어가는 사람들의 몸속에 마찬가지로 전달된다. 길을 가며 땅을 밟는 과정에서 사람들을 겸허하게 만드는 것이다. 기독교의 절기 가운데 부활절에 앞서 사순절이 있는데, 서구에서는 사순절이 시작하는 첫날의 예배에서 "너는 흙이니 흙으로 돌아갈 것이니라"(창세기 3:19)는 성경 말씀에 근거하여 목회자가 '당신은 흙에서 나와 흙으로 돌아간다는 사실을 기억하십시오'라고 말하며 교인들 각자의 이마에 재와 올리브기름을 섞어 만든 것으로 검게 십자가 표식을 해준다. 이마에 재를 바름으로써 모든 인간이 죽으면 한줌의 재로 돌아감을 상기시켜서 겸손하고 회개하는 마음으로 자신을 성찰하여 더욱 깊은 신앙의 바다로 나가라고 촉구하는 것이다. 흙을 밟고 가는 행위는 인간의 근본인 흙과 통하는 것으로 그 근저에는 죽음과 고통, 그리고 생명과 기쁨이 깔려 있다.

물리적으로 표현해서, 걸어서 앞으로 나가기 위해서는 땅과의 마찰이 있어야 한다. 그 마찰은 아픔을 가져온다. 마찰이 수없이 반복이 되고 피로가 쌓이게 될 때 몸은 아픔을 느끼게 된다. 그리고 그 육체의 아픔을 통해 자신의 연약함을 절감하고 겸허해 지게 된다. 순례의 마음가짐을 간직하고 걷는 자는 인생의 변두리, 즉 말석에 앉아 있는 존재임을 받아들이는 자이다. 그런 때야말로 하나님의 손길이 제대로 빛을 발하는 순간이기도 하다. 마치 세족식에 참여해 나의 발이 씻김을 당할 때 더럽고 거친 나의 발을 하나님께서 씻어주신다는 생각에 어쩔 줄 몰라 하는 와중에도 하나님의 따스한 손길을 느끼는 것처럼 하나님께서 베푸시는 은혜와 평화를 맛보는 순간이기도 하다. 세실 가테프는 "수행의 첫 걸음을 내딛는 것은, 문자 그대로 나귀처럼 짐을 지고 묵묵히 걸어가는 것이다. 땀에 젖은 자아만이 자만을 벗어버릴 수 있다."(『걷기의 기적』)고 하며 걷기에는 고통이 수반되고 그 고통을 통해 겸허함을 배우게 된다고 일러주고 있다.

산티아고에 이르는 길도 고통이 없이는 지나갈 수 없는 길이다. 거의 대부분의 사람들이 겪는 공통적인 고통은 발과 다리에 나타나는 아픔으로 발바닥에 물집이 생기거나 무릎에 심한 통증을 느끼는 것이다. 먼 거리를 걷는 것이기 때문에 당연히 나타날 수밖에 없는 증상이다. 사람에 따라 정도 차이는 있지만 길을 걷기 시작해 처음 일주일 동안에 발바닥의 물집으로 인해 고생을 한다. 경쾌한 기분으로 걷기 시작했지만 하루 이틀이 지나면 서서히 발바닥에서 고통이 밀려오고 있음을 알려주는 신호가 온다. 발바닥에 작은 모래가 끼어있는 것과 같은 불편함이 점차 커져 따끔따끔하게 찔리는 아픔으로 바뀌어 얼굴을 찡그리게 된다. 얼마 지나지 않아 발바닥이 본격적으로 아프기 시작하며 걷는 자세가 나도 모르게 절뚝거리고 뒤뚱거리게 된다. 그러나 아픈 쪽의 통증을 줄이려고 발바닥을 비스듬하게 딛거나 절뚝거리게 되면 발목이나 다른 부분에 이상이 올 수가 있어서, 아프다고 할지라도 평상적인 걸음 자세를 유지해야만 한다. 어쩔 수없이 물집의 고통을 무시하고 평상시와 같이 바른 자세로 걷다보면 발바닥의 감각이 사라진듯 멍해진다. 걷기 시작한 후 둘째 날 오전부터 발바닥이 악화됨을 느껴서 점심을 먹으며 신발을 벗고 발의 상태가 어떤지 확인하고도 싶었지만 하루길이 끝날 때까지 그냥 가기로 했다. 신발을 보면 걷으로 보기에는 멀쩡해도 그 속에서는 엄청난 고통과 함께 아픔의 소리가 터질 듯이 가득 차 있다. 신발을 물끄러미 내려다보며 '우리 인생도 누구나 다 그렇지 않은가' 하는 생각이 들었다. 아무 일도 없는 듯한 겉모습과는 달리 내적 고통과 문제를 안고 살아간다. 자연스럽게 아픔과 고통에 대한 생각이 깊어지고 길어진다. "예수께서 겪은 고통이 나와는 어떻게 연관이 되는 것일까." 예수께서 인간을 구원하시기 위해 고통의 십자가를 지셨다는 것은 기독교의 보편적인 가르침으로 익히 알고 믿는 바다. 그러나 그와 같은 일반적인 명제에서 벗어나 나의 삶 속에서 나타나는 여러 고통과 어떻게 연결될 것인가에 대해 솔직하고 진지하게 질문할 수밖에 없었다. 또 예수 그리스도를 따라야 하는 그리스도인으로서 예수의 고통을 어떻게 체험하고 느낄 수 있겠는가. 작은 고통이지만 경험하며 그에 대해 명상하고 주님을 찾고 기도하다 보면 나도 모르게 눈물이 맺힌다.

산티아고로의 길 사흘 째날 70여km를 걸어 빰쁠로나에 도착했을 때는 발의 상태가 심각해져서 발바닥에서 불이 나는 것과 똑같다. 이틀 동안 발바닥의 물집을 길들인다는(?) 전략에 따라 아픔을 무시하고 평상적인 걸음으로 대범하게 걸었다. 전날까지만 해도 걸을 때

빰쁠로나 도심에 있는 공원

는 아프지만 중간 중간 휴식을 취하며 앉아 있으면 발바닥이 말로 표현할 수 없을 정도로 편안하였다. 그 편안함은 마치 부드러운 솜털을 밟고 있는 듯한 포근함으로 연결되어 무중력 상태에 있는 것과 같은 느낌을 주었다. 그러나 사흘 째 날의 양상은 다르다. 발바닥이 풍선처럼 부풀어 오르다 터져 버릴 것 같다. 오히려 걷지 않고 가만히 있으면 피가 발로 모여 통증이 빠져나가지 못하고 점점 커져 감당하지 못할 정도로 극대화되었다. 계속해서 뻬르돈(Perdon) 고개를 향해 가는 길은 크고 작은 자갈이 깔린 자갈밭길이다. 물집이 있는 발바닥으로 자갈길을 걷는 것은 고행 그 자체이다. 큰 돌을 잘 밟으면 큰 문제가 없지만, 물집이 있는 부분으로 작거나 뾰족한 자갈을 밟아 몸 전체의 체중이 그곳에 실리게 될 때에는 머리 속이 까맣게 된다. 큰 바늘로 찌르는 것과 같은 통증이 마치 온몸을 뚫고 지나가는 번개의 섬광처럼 충격을 준다. 세포가 죽어가면서 외치는 마지막 절규가 나의 입을 통해 반사적으로 "아야!", "아, 따가워"라는 외침으로 튀어나온다. 무엇인

뻬르돈 고개를 바라보며

가 터져 신발 속이 질컥거리는 것과 같은 느낌이 들 정도이지만 무시하고 걷는다. 신발을 벗고 들여다 보았자 별 소용이 없는 것을 알기 때문이다. 아마 발바닥이 쿠데타라도 일으키지 않을까 염려가 되어 발바닥의 고통을 향해 마음속으로 '너는 나의 영원한 친구야' 라며 위로의 말을 던진다. 발바닥의 고통 때문에 다른 것은 힘들다는 느낌도 없다. 휴식을 하지 않고 오래 걸으면 무거운 배낭으로 인해 어깨가 아프고 결리기도 하지만 발바닥의 아픔과는 상대도 안된다. 몸의 한 부분이 고통스러우니 머릿속의 화두는 '아픔'에 머물러 있다. 아픔에 대한 생각은 한국 개신교회의 현실을 떠올리며 안타까움으로 커져나갔다. 한국 교회도 아파야 한다. 고통의 십자가를 지신 주님을 따르는 제자들로서 당연히 시대와 세상을 위해 아픔을 감내해야 한다. 언젠가 개신교 단체의 목회자들이 시위를 하며 큰 십자가를 지고 갔던 모습이 떠올랐다. 그런데 무거움의 고통을 회피하기 위해 그 십자가 밑에 작은 바퀴를 달아 굴리고 끌고 가며 사람들에게 손가락질을 받았다. 사람들

빼그돈 고개를 넘어와서

은 한국 교회가 병들어가고 있다고 한다. 한국 교회는 예수의 십자가를 지고 가면서 '아픔'을 간직하는 것이 아니라 병이 들어 '아픔' 속에서 신음하고 있다. 중세의 가톨릭이 베드로 성당을 으리으리하게 짓기 위해 면죄부를 팔아 망가진 것을 잘 알면서도, 한국 교회가 거대한 건물만 몇 십억, 몇 백억의 빚을 져가며 지어가는 모습은 하나님 뜻과 멀리 떨어진 채 아픔 속에서 신음하는 병자와 다르지 않다. 하나님의 뜻을 따르기 위해 아파하는 것이 아니라, 남에게 보여주기 위해서 그리고 자신을 과시하기 위해서 생명을 버리고 탐욕 속에서 아파한다. 사도 바울의 "이제 내가 사람들에게 좋게 하랴 하나님께 좋게 하랴" (갈 1:10)는 호소가 떠올랐다. 한국 교회는 스스로 불쌍하다고 눈물을 흘리며 기도해야 하건만, 나타나는 현상들을 볼 땐 제대로 된 기도를 하고 있지 않은 것 같다.

　　　　길을 가면서는 발과 다리가 가장 중요한 역할을 하기에 아침마다 발과 다리의 상태를 점검하는 것이 가장 먼저 해야 할 일이며 그와 함께 발과 다리가 하루 길을 잘 감당할 수 있기를 기도하게 된다. 그러면서 발의 상태가 염려스럽기 때문에 '발바닥만 성하다면, …'이라고 생각을 하고 길을 떠난다. 우리 인생길에도 '무엇 무엇이 어떠하다면'이라고 조건을 붙이며 그 조건과 관계된 문제만 해결되면 모든 것이 수월해질 것이라고 생각하는 경우가 많다. 그러나 그 조건이 충족되면 또 다른 조건을 제시하게 된다. 나의 몸도 예외는 아니었다. 걸은 지 일주일 가까이 되어가니 발바닥이 고통에 적응을 해서인지 보다

길

편하게 되었다. 그러니 다른 조건이 슬며시 고개를 들고 다가온다. 즉 지금까지 진지하게 고민하지 않았던 배낭의 무게가 느껴지며 어깨가 아프다는 것을 새삼 절감하게 된다. 그러면서 '짐만 가벼우면 날아서 갈텐데'라는 무의미하고 어리석은 생각이 마음을 스쳐지나간다. 서서히 힘이 부치기 시작하고 겨울 길에 나 혼자밖에 없어 외로움이 커지면 그리운 얼굴들이 떠오른다. 돌아가신 어머니, 아버지의 모습이 어른거린다. 이 세상을 살아가는 데 누군들 힘들지 않았겠냐마는 힘들게 사셨던 두 분이 그냥 보고 싶어진다. 길에서는 논리의 동반자가 아니라 영혼의 동반자가 필요하다. 아침 햇살에 길게 드리워진 내 그림자가 참으로 외로워 보였다. 일주일 정도 지나며 발의 아픔을 길들이는 데 익숙해져 갔다. 그러나 그것으로 만족할 일이 아닌 것 같다. 더욱 요구되는 것은 아픔조차도 잘 익어지게 하는 것, 즉 숙성시키는 것이 아닐까. 영적으로도 길들여지기만 하면 창조적 능력이 결핍되고 매너리즘에 빠져 예수 그리스도를 따라가는 흉내만 내게 된다. 예수께서 십자가를 지고 오르신 골고다 언덕길도 잘 익은 길이다. 고통도 깊게 익어야 제대로 죽고 새로 태어나는 새 생명의 창조가 가능하다. 또한 진정한 춤을 신명하게 출 수 있고 새로움을 향해 훠어이 훠어이 날아갈 수 있다.

  발이 아팠을 때는 발만 괜찮으면 모든 것이 수월하리라고 생각했으나 그렇게 간단하게 풀리지 않은 것을 깨닫게 된다. 인생도 마찬가지이리라. 무거운 짐을 지고 편하게만 갈 수가 없으며 많은 역경을 헤쳐나가야 하는데 하나의 어려움이 지나가면 다른 하나 혹은 둘, 셋의 문제가 등장하는 것이고 오히려 나중에 등장하는 것이 더욱 버거울 수도 있으리라. 이런 복합적인 고통 속에서도 인생의 길을 계속 걸어갈 수밖에 없으며 그런 상황에서 할 수 있는 최선의 것은 기도뿐일 것이다. '주여 나를 불쌍히 여기소서'라는 간절함이 담긴 기도뿐이다. 사람마다 독특한 경험들을 간직하고 있고 그 경험들 가운데는 몸이나 마음이 힘든 것도 있다. 힘이 드는 상황 속에 있을 때는 이전의 힘든 순간들이 떠오르기도 하는데, 다소 힘겨운 가운데 나 혼자 길을 가고 있다는 생각이 들자 미국에서 유학하던 초기의 생활이 머릿속을 스치고 지나갔다. 92년 여름 서른일곱의 나이에 용감하게 유학의 길을 떠

길에서는 울기다

날 때가 떠올랐다. 아내와 두 아들과 함께 교회에서 받은 퇴직금 등을 포함하여 모아두었던 돈 2만불을 들고 뉴욕 행 비행기에 올랐다. 낯설고 전혀 경험이 없는 곳에서 생활해야하는 것에 대한 두려움과 불안함이 없는 것은 아니었지만 새로운 곳에 대한 호기심이 강렬하였고 열심히 움직이면 그런대로 살아갈 수 있으리라는 낙관적인 생각을 품고 모험을 감행한 것이다. 미국은 신학기가 9월부터 시작하므로 8월초에 뉴저지 주에 있는 드루(Drew) 대학교 기숙사에 들어갔다. 일년 치 기숙사비와 한 학기 대학원 등록금을 지불하고 생활에 절대 필요한 중고 자동차와 세간들을 사고 나니 준비해간 돈의 대부분이 빠져나갔다. 뉴욕과 뉴저지에 있는 한인교회에서 파트타임으로 봉사하기위해 수소문해 보았지만 나이 많은 목사여서인지 불러주는 곳이 없었다. 목사가 출석할 교회가 없다는 점은 참으로 아이러니컬한 것이었다. 주일이면 학교 기숙사에 살며 공부하는 다른 목회자들이 가족들과 함께 교회에 다녀오는 모습이 부러웠다. 마음을 더욱 심란하게 만드는 것은 경제적인 문제였다.

몇 달 동안 수입이 전혀 없고 지출만 있으니 은행의 잔고가 줄어 11월 초에는 몇 백 달러밖에 남아있지 않았다. 한국으로부터 오는 경제적인 지원을 바랄 수 없는 형편이었으며 미국에서도 경제적인 도움을 줄만한 사람이 전혀 없었다. 한국에서는 돈이 한 푼 없어도 불안하지 않았으나 아무데도 의지할 곳 없는 미국에서는 돈이 없다면 살아갈 방법이 없어 초조해질 수밖에 없었다. 은행 계좌에서 잔고가 점점 줄어드는 것을 보는 것은 막다른 골목으로 내몰리는 심정이었고 피를 말리는 것과 같았다. 11월 초 어느 주일 오전 가을 햇살은 따사로웠고 울창한 숲의 나뭇잎들은 가을 단풍으로 불붙듯이 타오르고 있었다. 한인 학생들은 모두 교회에 갔고 학교 캠퍼스는 조용하였다. 외롭고 답답한 마음을 달래기 위해 기숙사에서 나와 학교 잔디 운동장 끝의 구석진 곳에 홀로 앉아 하나님께 기도할 때 나도 모르는 새에 눈물이 쏟아졌다. 그와 함께 하나의 작은 깨달음이 일어났다. 단절된 상황으로 하나님께서 인도하셔서 하나님과 전적인 관계를 갖도록 하신다는 것을 알 수 있었다. 아무 것도 의지할 수 없는 상황, 그리고 나의 능력 밖의 상황 속에서 하나님께서는 나로 하여금 더욱 기도하도록 훈련시키기 위해 부르셨음을 느낄 수 있었다. 하나님께서는 몇 주 후 나의 아내를 네일 샵에서 일하게 하심으로 어려운 시간을 극복해 나갈 수 있도록 도와주셨다.

산티아고까지의 긴 여정은 인간의 약함이 드러나는 길이다. 영적으로뿐만 아니라 육체적으로 약한 부분들이 서서히 그 모습을 나타낸다. 힘들고 아픈 것과 맞물려 걱정과 염려가 끊이질 않는다. 몸의 상태가 좋지 않을 때면 이러다 혹시 쓰러져 목표로 삼은 곳까지 가지 못하면 어쩌나 하는 생각이 엄습한다. 물론 목표 지점까지 도달하지 못한다 할지라도 걷는 것 자체가 중요하기에 반드시 계획한 대로 마무리 짓지 못해서 탓할 바는 아니다. 그러나 이러한 기회를 쉽게 만들 수 있는 것도 아니고, 또한 계획대로 길을 다 걷고 난 후 떠오를 느낌들을 맛보고 싶은 열망이 강렬하기 때문에 중도에 멈추는 것을 쉽게 받아들이지를 못한다. 힘들게 걸은 날 저녁에는 절망적이라고 할 수는 없어도 심각한 고민 속에 잠기기도 했다. 과연 끝까지 잘 갈 수 있을까. 혼자서 갈 수 없는 길이라는 것을 절감하기도 했다. 나의 모든 것이 연약하지만 이 길을 통해 하나님께서 나를 치유하시고 회복시켜 주시길 기도한다. 길을 통해 하나님께 더욱 가까이 가게 된다. 편하지 않은 잠자리일지라도 아침에 일어나면 놀랍도록 몸이 가볍고 그에 따라 마음도 가벼워진다. 하나님의 능력이 나의 몸을 통해 나타나 내 몸이 스스로 서서히 치유되도록 하심을 매 순간 느끼게 된다. 하나님의 치유와 회복의 능력이 크게 나타나길 기대하며 나 자신을 위해 기도할 뿐만 아니라 병상에서 아픔을 겪고 있는 사람들을 위해 기도하게 되었다. 특히 뇌출혈로 쓰러져 중

길에는 쉼이 필요하다

환자실에서 의식을 회복하지 못하고 있는 제수씨를 위해 간절히 기도했다. 결과가 어떠하든지 하나님께서 그녀를 불쌍히 여기시고 그녀를 붙들어 주시기를 간절히 기도한다. '나의 믿음 없는 것을 도와주소서'라고 외치며 예수께 매달렸던 귀신들린 아이의 아비와 같은 심정으로 아픔의 고통을 겪는 사람들에게 주님의 치유의 손길이 임하기를 간구한다. 내가 할 수 있는 것은 기도밖에 없음을 다시금 깨닫게 해 주는 길이다. 길을 걷는 것에는 고통이 포함되어 있지만 기도하도록 새로운 기회를 제공하는 것 그 자체가 진정 아름다운 일이었다.

　　　　무거운 짐 진 자들 모두를 편히 쉬게 하시겠다는 예수의 말씀이 길에서도 간절하게 다가온다. 무거운 배낭을 당장 팽개치고 싶다. 하지만 내가 진 짐은 어디에 내려놓을 수도 없고 산티아고까지 지고 가야만 한다. 배낭 무게와의 전쟁이라고 해도 과언이 아니다. 한국에서 백두대간을 종주하는 사람이 무게를 줄이기 위해 칫솔대는 잘라버리고 칫솔모가 있는 부분만 챙긴다는 얘기를 들은 적이 있다. 나 또한 배낭에 담을 물건들에 대해 신중하게 생각을 하고 선택을 하였다. 반드시 필요한 것만 챙기고 짐을 가볍게 하려고 애썼다. 예를 들어 수건의 경우 일반 수건은 크고 무게가 많이 나갈뿐더러 사용 후 쉽게 마르지 않고(겨울철에는 더욱 더디다) 덜 마른 수건을 배낭에 넣을 때는 무게가 몹시 나간다. 그래서 손수건 크기의 작은 수건 하나만을 지참해 샤워하고 나서도 물을 짜가며 몸을 닦았다. 물론 빨리 마르기 때문에 부담이 덜했다. 겨울의 산티아고 길에는 대부분의 알베르게가 난방이 되지 않기 때문에 겨울용 슬리핑백을 비롯해 보온 장비를 갖추어야 하므로 배낭이 무거워질 수밖에 없다. 게다가 겨울에는 작은 마을의 카페나 상점, 그리고 알베르게가 문이 닫혀 있는 경우가 많아 하루나 이틀 치 비상식량을 가지고 다녀야만 한다. 무게에 대한 고민은 식량을 구입할 때 특히 더 심했는데, 왜냐하면 몇 백 그램만 추가되어도 배낭이 엄청 무거워지는 것을 느꼈기 때문이다. 그래서 이전에는 별로 관심을 기울이지 않던 물품에 표시된 무게를 살피게 되었다. 기다란 바게트 빵 하나에 300g. 보통 두 개를 꺾어서 배낭에 넣고 간다. 감귤 하나에 60g내지 100g. 대여섯 개를 넣으니 빵과 감귤의 무게만 해도 1kg이 넘는다. 버터(125g)와 소시지(160g), 그리고 떠먹는 요구르트(125g)를 포함해 비상식으로 초콜릿 2개(200g)와 비스킷(150g)의 무게도 1kg 가까이 된다. 게다가 물을 500cc 정도 물통에 담아가야 하므로 길을 가며 먹고 마시는 것과 관련된 무게도 무시할 수가 없었다. 무게와의 전쟁인데 식량을 가득 채울 때는 15kg 가까이 되기도 한다. 게다가 별도로 어깨에 둘러맨 카메라의 무게가 2kg에 육박한다. 한순간 '이 배낭을 앞으로 20여일 더 메고 가는 것은 지옥의 삶과 같을 것이다' 라는 생각이 들기도 한다. 짐이 무거워 '삐걱삐걱' 거리며 배낭끈에서 나는 소리가 걸어가는 리듬을 따라 들린다.

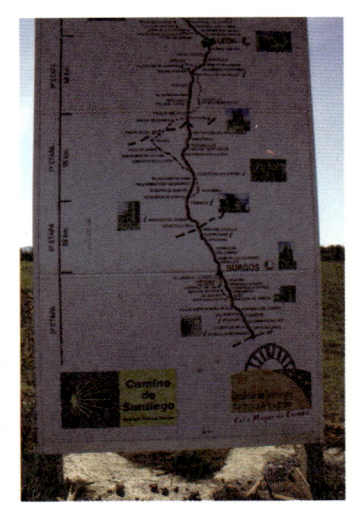

부르고스에서 레온에 이르는 약도 표지판

순례자 표시가 있는 교통 표지판

길에는 계절과 날씨가 담겨져 있어 몸으로 받아들이게 된다. 성탄절에는 길을 가며 성경에 기록된 동방박사들이 떠올랐다. 예수께서 태어나실 때 멀리 떨어진 다른 나라에서 별을 통해 위대한 인물이 태어나게 됨을 감지하고 그분을 찾아 온 사람들이다. 그들이 별을 보고 산과 물을 넘고 건너 왔는데, 이전에는 동방박사들이 어떻게 얼마나 먼 길을 왔는지에 대해서는 전혀 관심을 기울이지 않았다. 그러나 나 자신이 순례의 길에 서고 보니 그들이 아기 예수를 찾아오는 길이 만만치 않았으리라는 것을 새롭게 깨닫게 되었다. 그들 또한 순례자들이다. 그들이 고되고 힘든 길을 걸어 온 것을 우리는 단지 '동방으로부터 왔다'고만 말하고 관심을 기울이지 않고 지나쳐 버린다. 그들이 물론 값진 예물을 들고 와서 바쳤으나 그들은 몸으로 경배를 한 것이다. 십자가를 짊어짐도, 경배하는 것도 몸을 통해 몸으로 해석해야만 한다.

길을 가다보면 화창한 날씨를 즐기기도 하지만 궂은 날씨 속에 몸과 마음이 더욱 힘들 때도 많다. 거센 바람이 하루 종일 길을 휘감기도 하고 진눈깨비나 눈이 뿌리기도 한다. 특히 산티아고가 위치하고 있는 스페인 서북부의 갈라시아 지방은 대서양과 가까이 있어 사흘에 하루 꼴로 비가 오는 강수량이 많은 지역이다. 빗방울이 거센 바람과 함께 달려들어 어느덧 안경 렌즈 위에 물방울들이 송글송글 괫힌다. 걷는 것에 이력이 붙어 쉽게 걸어갈 수 있을 것 같지만, 하루 종일

산티아고로 가는 길, 길들

오락가락하며 내리는 비에 옷과 몸이 젖어 무겁고 길이 젖어있어 배낭을 내려놓고 쉴만한 마땅한 곳이 없다. 몸의 피로와 아픔은 갑절이 된다. 몸이 무겁다고 느끼거나 피로해 지는 것은 나의 몸이 기계가 아니고 살아있는 생명체임을 깨닫게 하는 통로다. 동시에 나의 몸이 영원 무궁하지 않고 연약하며 언젠가는 흙으로 돌아갈 존재라는 것을 자각하게 하는 방편이 된다. 그리고 겸허하게 기도할 수밖에 없게 된다. "주여 나를 도우소서." 고통이 없고서야 길에서 어찌 겸허해질 수 있겠는가. 걷는 것은 고통이 수반되고 힘들기도 하지만 나 자신을 더욱 성찰하게 하여 작은 깨달음에 이르게 하고 기도를 하며 길을 가게 한다. 길을 걸으며 흘리는 눈물과 땀을 통해 나의 몸과 영혼이 정화되기를 기도하였다. 아픔이 있는 길이지만 그 길은 진정 자유를 주는 길이었다. 어떤 격정이나 분노를 느끼지 않고 나 자신의 모든 것을 활짝 열어놓고 주님께 모든 것을 내어놓는 것은 나를 가볍게 하는 것이었다. 그리고 서서히 하나님의 신비를 즐기게 된다. 비가 뿌려 주변이 뿌연 가운데 몇 그루의 나무들이 실루엣처럼 검은 덩어리로 길가에 늘어서 있는 것이 보일 뿐, 넓은 밭 사이를 뚫고 뻗은 길에는 특별하게 눈이 끌리는 풍경은 없이 평범하고 고요하다. 평범하지만 그 가운데서도 하나님의 손길의 신비함이 느껴진다. 거센 바람에 몰려 흘러가는 잿빛 구름들도, 파릇파릇 싹을 틔우며 자라나고 있는 밀의 작은 싹들도, 바람 속을 헤치며 날아다니는 새들도 모두가 하나님의 신비 그 자체이다.

히말라야 트레킹을 하는 경우에도 많은 땀을 흘리며 고생을 해야 길의 진면목을 알 수 있게 된다. 안나푸르나 트레킹을 할 때에는 포터 한 명과 동행을 했었고, 에베레스트와 랑탕 트레킹을 할 때에는 혼자서 짐을 지고 다녔다. 안나푸르나는 히말라야에 있어서 처음 가는 지역이기에 가이드 겸 포터 한 명을 대동하였는데 포터의 이름은 뿌르바라고 하였다. 서른네 살의 나이에 수줍음을 타고 조용한 그는 미남형의 얼굴로 한국의 연예인 원빈과 흡사한 용모를 갖추고 있었다. 산행 경험도 많아 한국원정대와 함께 에베레스트 정상에도 올라가 봤다고 하며 당시 입었던 한국 기업의 로고가 많이 새겨진 파커 잠바를 자랑스럽게 입고 다녔다. 그는 카투만두에서 출발하여 안나푸르나 일주를 하고 푼힐 전망대와 안나푸르나 베이스캠프를 거쳐 포카라에 도착하기까지 18일간을 함께 다닌 도반이었다. 20kg 정도 되는 나의 짐을 그가 2/3정도 지고 다니며 큰 도움을 주었고, 길을 안내하고 적절한 롯지를 소개하여 어려움 없이 산행을 하도록 하였다. 포터와 가이드의 비용은 정해진 가격은 없으며 포터를 거느리며 운영하는 여행사가 중간 수수료로 얼마나 차감하는가에 따라 실제적으로 포터들에게 돌아가는 액수에는 차이가 있게 된다. 나와 동행한 포터는 카투만두에서 소개를 받았지만 계약한 액수를 포터에게 직접 주기로 약속을 하였다. 포터인 뿌르바와는 일당 500루피를 주기로 계약을 하였다. 팁은 정해진 액수는 없으며 모든 일정이 마친 후 내가 알아서 적절하게 주는 것

동행했던 포터 뿌르바(왼쪽 끝)

으로서 뿌르바에게는 산을 내려와서 2000루피를 주었다. 참고로 2007년 12월 환율은 미화 1달러에 한화 950원이었으며 네팔에서는 1달러 당 62루피였다. 안나푸르나와 에베레스트에는 산행하는 사람들을 위한 가이드와 포터들 외에 생필품을 지고 나르는 포터들이 많다. 자동차가 다니지 못하는 고산 지대에는 노새나 야크 등에 짐을 실어 나르거나 포터들이 직접 지고 나른다. 포터 한 사람당 80kg 이상의 짐을 지고 며칠씩 산길을 오른다. 짐의 내용은 식량으로부터 연료, 가재도구, 음료수에 이르기까지 다양하며 짐의 양은 구멍가게를 하나 차려도 될성 싶을 정도로 어마어마하다. 길옆에는 곳곳에 포터들이 짐을 쉽게 내려놓을 수 있도록 돌판으로 된 등받이가 허리 높이로 만들어져 있어서 휴식을 취하기 적합하게 되어 있다. 그런 구조물이 없으면 60-70cm 길이의 T자형 지팡이를 들고 가다 힘이 부칠 때 그 지팡이로 짐 밑에 받치고 서서 휴식을 취하기도 한다. 놀랍게도 많은 포터들이 맨발로 슬리퍼를 신고 고산지대를 아무렇지도 않다는 듯이 올라가고 있었다. 무거운 짐을 떠받치는 띠를 이마에 걸쳐 무게를 분산시켜 지고 가는 포터들이 하루에 받는 일당은 1000루피라고 한다. 이처럼 힘이 들고 수송비용이 많이 들기 때문에 차도에서 멀어질수록 그리고 고도가 높아질수록 롯지에서 파는 음식값과 물건값이 올라갈 수밖에 없다. 해발

고도 3000m 가 넘어가면 값이 약 1.5배 비싸지고 4000m 이상에서는 갑절로 뛴다. 예를 들어 산의 초입에 있는 롯지에서는 밀크 티(milk tea)의 가격이 15-20루피이지만 높은 곳에서는 50루피가 되며, 달밧의 가격이 50루피에서 100루피로 올라간다.

  네팔 사람에게 있어서 포터로 일하며 받는 돈은 그들의 평균 수입과 비교하면 큰 액수인 것만은 사실이다. 포터로 한두 달 일하면 일년 먹고 살 돈을 벌 수 있다는 말이 나돌 정도이다. 산업시설과 부존자원이 풍부하지 않고 대다수의 국민이 농업에 종사하고 있는 네팔은 관광산업이 외화를 벌어들이는 데 큰 역할을 감당하고 있다. 그래서 론리플래닛과 같은 가이드북은 포터를 이용하는 것이 네팔을 도와주는 것이라고 설명하며 포터에게 짐을 맡기고 가는 것이 트럭 운전사가 짐을 실어 운반해 주는 것과 진배없다고 일러주고 있다. 산행을 하는 사람들은 저렴하게 서비스를 받아서 좋고 네팔인들은 비교적 많은 수입을 올려서 좋으므로 서로 간에 유익이 된다는 것이다. 타당한 설명이고 틀린 말은 아니다. 그러나 현장에서의 상황은 그리 간단하고 편하지 않은 면이 있다. 트럭 운전사와 손님과 같이 대등한 관계에서 서비스를 주고받는 것이 아니라 주인과 종의 관계와 같은 모습을 띄는 경우가 많다. 짐만 지고 가는 것이 아니라 숙소에 도착하여 온갖 시중을 들며 상전 모시듯이

엄청난 짐을 운반하는 포터

한다. 물론 그렇게까지 하는 것이 포터가 해야 할 일에 다 포함되어 있고 그런 모든 일을 해야 돈을 많이 받을 수 있다고 말한다면 반론은 제기하지 않는다. 하지만 나는 그런 모습이 별로 마음에 들지 않는다. 히말라야를 찾는 사람들이 나의 생각과 같지 않으며 산행의 행태도 나와 다르다. 또한 신체적인 조건이나 건강상의 상황이 모두 다르다. 그럼에도 불구하고, 나의 주관적인 시각이 강하게 작용한 것이라고 할 수 있지만, 그 가운데 몇몇 사람은 포터가 자신들의 짐을 모두 지고 가고 자기들은 물병 정도만 가볍게 들고 다녀서일까, 숭고한 자연 속에서 겸허와 겸손의 모습은 볼 수가 없고 마치 '내가 이런 곳에 왔어'라고 으스대는 것 같다. 그러나 아무리 짐을 가볍게 하고 편하게 간다고 해도 거대하고 높은 산이 주는 고통은 겪을 수밖에 없다. 그것은 고산증세다.

   산소가 희박해 지는 곳으로 점차 올라가면서 나타나는 고산증세를 극복하는 길은 시간을 두고 서서히 적응해 가는 방법 외에는 없다. 고도에 따라 공기 중에 있는 산소의 비율이 다른데, 고도 제르(0)미터인 해수면에서 100%라고 할 때 1000미터는 88%, 3000미터는 68%, 4000미터는 60%, 5000미터에서는 53%로 고도가 높을수록 산소는 희박해 진다. 고도가 높은 곳으로 올라갈수록 인간의 몸은 부족한 산소를 많이 섭취하기 위해 자연적으로 호흡이 가빠지고 맥박이 빨라지게 된다. 실제로 해발 3420m인 남체 바자르에서 재본 내 몸의 맥박수는 1분에 78-80번으로 평상시의 맥박수인 55-60번보다 한결 많앉다. 호흡의 횟수와 맥박수가 증가함에 따라 자연히 내쉬는 숨을 통해 방출되는 수분도 많아져서 물을 자주 많이 마시지 않으면 탈수증세를 보이고 그와 함께 몸이 까부라져서 고산병에 걸리기 쉽게 된다. 일전에 남미 페루의 안데스 산맥의 4000m가 넘는 고산지대에 갔을 때 그곳 주민들이 제시하는 방법대로 뜨거운 물에 코카잎을 넣어 자주 마시며 고산에 적응하기도 했다. 네팔 사람들도 산악지대에서 차를 많이 마시는데 차가 이뇨작용을 하며 혈액순환을 잘 하도록 해서 고산에서 지내기에 도움을 준다. 고산증세는 머리가 아프고 식욕이 없으며 울렁거리고 구토를 하기도 하며 몹시 피곤하고 심할 경우 몸이 마비되기도 하는데, 이럴 경우 서둘러 낮은 곳으로 내려가지 않으면 생명을 잃기도 한다. 따라서 높은 고도로 올라갈수록 더욱 조심을 해야 하며 고산에 적응하기도 전에 한번에 700m 이상 상승하는 것은 위험한 일이다.

   히말라야의 고산지대를 걸으며 겪는 어려움과 고통 가운데 하나는 역시 고산증세이다. 고산병에 대해 경계를 늦추지 않고 몸의 증상에 대해 예민하게 살피면서 긴장의 끈을 놓지 말아야 한다. 고도 3000m가 넘는 지역에서 특히 겨울에는 체온을 유지하기 위해 잠잘 때에도 머리에 털모자를 써야만 하고 머리를 감지 말아야 하는 것이 불문율처럼 되어 있어서 모자를 계속 쓴 채 며칠만 지나면 머리카락들이 엉켜붙어 가렵고 냄새가 나기 시작한다. 고도가 높아지면 머리를 감을 생각을 하지 않는 것은 물론이고 춥고 물도 넉넉하지 않아 세수조차 하지 않게 된다. 물티슈 한 장으로 아침에는 얼굴, 저녁에는 손발

을 닦으면 끝이다. 고산에서는 잠자는 동안에도 코를 골고나 하여 호흡이 불규칙해지면 가슴이 답답해져서 간간이 잠을 깨고 심호흡을 하게 된다.

　　　고산에서 적응이 되면 가만히 서 있거나 앉아있을 때는 그다지 어려움은 없다. 그러나 적응이 되었다 할지라도 움직이기 시작하면 금방 숨이 차오른다. 평탄한 길을 갈 때에도 평상적인 보폭과 속도보다 작고 느리게 걸음을 옮겨야만 한다. 오르막에서는 더욱 숨이 차고 걷는 속도가 느려질 수밖에 없다. 히말라야 산에는 가파른 오르막을 한 두 시간 계속 올라가야 하는 길이 수없이 많다. 그 정도로 규모가 큰 산이다. 안나푸르나를 일주하면서 중간의 가장 높은 고개인 쏘롱-라(Thorong-La, 5416m, '라' 는 고개라는 뜻)를 향해 갈 때는 '내가 제대로 넘어갈 수 있을까' 라는 염려가 앞서며 몹시 긴장이 된다. 쏘롱 페디(Thorong Phedi, 4450m, '페디' 는 산기슭이란 뜻)에서 마지막 롯지가 있는 하이 캠프(High Camp)를 거쳐 쏘롱-라 고개를 넘어 해발 3800m에 있는 묵띠나트(Muktinath)에까지 하루 안에 가야한다. 중간에 머무를 곳이 없기 때문이다. 그리고 히말라야 고산에서는 오후가 되면 일기가 사나와지는 것이 보편적인 현상인데 쏘롱-라도 마찬가지여서 비교적 바람이 잔잔한 오전 중에 고개를 넘어가는 것이 안전하다고 알려져 있다. 이른 새벽에 쏘롱 페디를 떠나 가파른 길을 오른다. 몇 걸음 떼고 잠깐 서서 숨을 거칠게 몰아쉰다. 몇 걸음 떼고 멈춰서고, 그리고 똑같은 동작이 계속된다. 숨이 턱에 찬다. 마라톤을 뛰기 위해 연습을 하면서 인터발(interval) 훈련을 하는데, 그것은 800m를 최고의 속도로 달려가고 200m는 호흡을 가라앉히며 아주 천천히 뛰기를 서너 번 반복하면서 숨이 턱밑에 차도록 달리는 것으로, 이는 장거리에서도 속도를 지속적으로 낼 수 있게 하기 위한 것이다. 자신이 낼 수 있는 최고의 속도를 내며 달려갈 때는 숨이 딸려 머리가 어지럽기까지 한다. 쏘롱-라를 향해 오르는 길이 마치 마라톤을 위해 인터발 훈련을 하는 것과 같다. 숨을 들이켜고 내쉬는 것을 빠르게 반복하며 묵묵히 발걸음을 옮겨놓을 뿐이다. 인간의 몸이 강하고 튼튼한 것 같지만 높고 넓은 자연을 마주 하고 서서는 작고 연약한 존재임을 느끼게 된다. 미물(微物)임을 확인하는 순간이다. 동시에 찰나(刹那)를 살아가는 인간과는 전적으로 다른 영원한 존재에 대한 생각이 나를 사로잡았다. '영원'의 개념을 간직한 채 쏘롱-라를 오를 때 영원한 하나님 나라에 이르는 길이 떠올랐다. 고개에 올라섰을 때 힘든 과정을 거쳐 껍데기를 깨뜨리고 부활한 것과 같은 황홀함과 자유함 속에 잠겨 밀려드는 감격을 막을 수 없었다. 영원한 하나님 나라에 들어가는 자는 부활을 맛본 자일 것이라는 확신이 들었다. 고개 정상에는 작은 찻집이 하나 있지만 겨울이어서인지 문은 닫혀 있다. 고개를 타고 넘어가는 바람의 기세가 거칠고 조금씩 흩뿌리는 눈발이 그 흐름을 타고 날아간다. 충분한 시간을 가지고 정상에서의 느낌을 즐겨보려고 했으나 여건이 허락하지 않는다. 묵띠나트로 내려오는 길에 옆의 높은 산 사면에서 발생한 작은 눈사태 장면은 나를 더욱 겸허하게 만든다. 큰 규모는 아니지만 눈덩어리가 쏟아져 내려오며 연기가 피어오르듯이 눈을 퍼 뜨리고 으르렁거린다. 저런 곳에 사람이 있었다면 아무 흔적도 없이 사라져 버렸으리라. 고통 속에 겸허함을 배우고 동시에 살아있는 자연 앞에 자신의 나약함을 확인하고 자만심을 버리게 된다.

걷는 것은 몸 전체를 던지는 일이다. 무거운 배낭도 주저함 없이 짊어져야 한다. 안나푸르나를 일주 할 때와는 달리, 에베레스트 와 랑탕을 트레킹할 때에는 포터를 대동하지 않고 나의 짐을 스스로 지고 홀로 걸었다. 혼자서 큰 산속을 걸어간다는 것에는 장단점이 동 시에 존재하기 마련이다. 절친한 사람이나 포터이든 동행하는 사람이 있으면 상대방에 대해 배려를 해야 하거나 일정을 조절하기도 해야 하 는 등 제약이 따른다. 혼자 갈 때는 길 자체에 더 집중할 수가 있고 좋 은 느낌이 드는 곳에서는 혼자의 시간을 충분히 가질 수 있고 마음이 편치 않은 곳은 스치듯 빠르게 지나갈 수도 있다. 더욱이 기쁨과 슬픔 의 감정을 내멋대로 표현할 수 있다. 그러나 그런 자유를 누리는 데에 는 위험 부담이 따른다. 사고가 났을 경우 옆에 도와줄 사람이 아무도 없다면 치명적이 될 수 있기 때문이다. 포터가 동행한다면 짐이 가벼 워 편하게 갈 수 있으며 길을 잃거나 하는 염려 없이 안전하게 갈 수가 있다. 그래서 에베레스트와 랑탕에서 포터를 대동할 것인가에 대해 깊 이 생각을 하지 않을 수 없었다. 포터를 고용하여 지출할 비용의 문제 가 아니라 혼자서 다니는 것이 바람직한 것인지 그리고 혼자서 할 수 있을 것인지에 대해 진지하게 고민을 하기도 했다. 그런 고민 속에 혼자서 짐을 지고 처음 가는 길이지만 조심스럽게 가보고 싶은 열망이 뜨겁게 솟아올랐다. 마치 혼자서 실크로드를 걸었던 베르나르 올리비에가 『나는 걷는다』에서 "나를 걷고 또 걷게 만드는 이 격렬한 욕망은 대체 무엇일까? 얼마나 버티는지 시험해보려는 그리고 기록을 깨보겠다는 어쭙잖은 허영일까? 아니면 오만? 의지? 솔직히 잘 모르겠다."고 자신의 심정을 토로한 것과 비슷한 마음이었다. 내가 지어야 할 짐을 지고 혼자 걷고 싶었다. 공항에서 탑승수속을 밟으며 배낭의 무게를 달아보니 18kg이다. 겨울용 슬리핑백, 아이젠, 스페츠, 방한복 등 겨울 장비가 많아 무거울 수밖에 없다. 산행을 하면서 식수를 1리터 채우고 카메라 무게까지 더하면 20kg이 넘어간다.

   3천 미터가 넘는 고산과 무거운 짐이라는 두 요소는 몸을 힘들게 하였다. 숨쉬기가 힘든 곳에서 짐을 무겁게 지고 오르니 자연스럽게 발자국마다 기도가 담기게 된다. 짐이 가벼우면 매우 가파르고 긴 오르막이라도 끝까지 단숨에 갈 생각을 가질 수 있으나, 짐이 무거우면 한걸음씩 찬찬히 걸으며 무거움을 음미할 수밖에 없다. 십자가를 생각하게 되고, 멍에를 떠올릴 수밖에 없다. 한발 한발 천천히 오르며 십자가를 지고 골고다를 오르셨던 주님을 떠올리며 기도하게 된다. 아직도 나에게 분이나 노를 품고 있는 사람이 있으면 나를 용서해 주기를, 그리고 나도 다른 사람들을 언짢게 여기지 않고 잘못을 용서할 수 있게 되기를, 그래서 모두를 사랑할 수 있게 되기를 기도하게 된다. 그러므로 길을 걸으며 겪는 고통은 나를 힘들게 하고 파괴하는 것으로 그치는 것이 아니라 나를 건강하게 만들고 강하게 만드는 것이었다. 그것은 마치 마라톤을 뛰면서 몸이 고통 속에서 달구어진 뒤 가벼워지는 것과 같다.

마라톤 풀코스를 뛰는 것은 쉽고 간단한 일이 아니다. 42.195km의 풀코스를 20번 이상 완주한 경험이 있는 나는 그 거리가 만만한 거리가 아니며 인간의 한계와 인내심을 시험하는 격전장이라고 생각한다. 출발하여 20km까지는 몸에 힘이 남아 있고 많은 사람이 참가하여 같이 뛰는 대회라는 분위기를 타고 아드레날린이 분비된 탓인지 그리 힘들다는 생각이 들지 않고 내쳐 달린다. 그러나 25km 지점을 지나면서 다리가 무거워지고 속도가 떨어지기 시작한다. 급수대에서 몇 십초 동안 스트레칭을 하며 두 시간 넘게 단순운동을 반복해 왔던 다리와 몸을 풀어준다. 전문가들은 인간이 30km를 한 번에 뛰면 체내에 있는 에너지가 거의 고갈되며 그 이후로는 정신력과 평소에 연습한 능력으로 버티게 된다고 한다. 마라톤 대회를 앞두고 연습을 얼마나 충실히 하였는가에 따라 힘에 부치는지 아닌지, 그리고 개인 기록이 좋은지 나쁜지 등의 차이가 있을 수 있으나 일반적으로 30km를 전후하여 힘이 든다는 생각이 들기 시작하며 내적 갈등을 겪게 된다. 몸은 다리가 아파오고 허리가 결리기도 함에 따라 뛰기를 멈추고 편안하게 걸어가기를 요구하는 반면에 머릿속에서는 한 번 걷기 시작하면 계속 걷게 되고 결국에는 포기할지도 모른다는 경고를 보낸다. 한편으로는 스스로와 타협하려는 생각이 머리 한쪽에서 피어오르는데, 타협의 내용은 기록을 위하여 뛰는 것이 아니고 달리는 것을 즐기기 위해 마라톤 대회에 참여한 것인데 지나치게 무리를 하면 몸이 상하게 될지도 모르니 이쯤에서 쉬엄쉬엄 쉬면서 가자는 것이다. 내 속에 여러 다른 '나'가 자리를 잡고 그럴싸한 주장을 펼치고 있다. 마라톤에 참가하는 사람은 국가 대표이거나 세계 기록에 근접한 기록을 가지고 있는 전문 마라토너를 제외하고는 다른 사람들과 경쟁하여 이기는 것을 목표로 하지 않는다. 각자 나름대로의 목표를 세우고 연습하고 성취하기 위해 땀을 흘리는 것이다. 그 과정에서 경쟁이랄 것은 없지만 경쟁을 한다면 자기 자신과 경쟁을 해야만 한다. 풀코스를 뛰며 힘이 들지 않을 때는 고민이나 갈등이 생기지 않는다. 그러나 점차 힘이 들고 얼굴이 일그러질 때 내 속의 나 자신이 가장 큰 적수가 되어 나타나기 시작하는 것이다. 여러 생각이 끊임없이 튀어나온다는 것은 그만큼 몸이 힘들다는 것을 반증하는 것임에 틀림없다. 마라톤을 즐겨 뛰는 사람들은 35km를 전후하여 4-5km 구간이 가장 힘들다고 하며 내가 경험한 바에 의해서도 거의 같은 견해이다. 1km를 뛰는 것이 마치 10km를 뛰는 것처럼 힘들고 멀게 느껴진다. 마라톤의 후반부에서는 힘들고 고통스러워 포기하고 싶은 생각이 들 때가 많이 발생한다. 몸에 고통이 찾아오는 그런 순간에 어떤 마음을 간직하느냐에 따라 결과는 달라진다고 할 수 있다. 풀코스를 여러 번 완주하면서 마음의 자세가 어떠해야 도움이 되는지 나름대로의 고통 극복 방법을 터득해 나갔다. 마라톤을 뛰다보면 덥고 땀이 많이 나며 힘이 빠져 시원하고 맛있는 음식을 먹었으면 좋겠다는 생각이 자연스럽게 든다. 예를 들어 평소에는 자주 먹지 않았지만 얼음을 시원하게 띄운 동치미 국물에 말아먹는 냉면이 생생하게 떠오른다. 풀코스를 완주하던 초기 시절에는 달리기를 빨리 마치면 그런 음식을 먹을 수 있다는 보상심리를 활용해 고통을 극복하려고 하였으나 얼마 지나지 않아 효력이 없고 오히려 역효과가 난다는 것을 깨달았다. 즉 나 자신을 격려하기 위해 먹고 싶은 음료수나 음식을 생생하게 그리며 머지않아 곧 그 음식을 편히 앉아 먹을 수 있다고 자극을 주었지만 그런 과정은 상상 속에서 잠간 있었던 일이 되고 실제적으로는 달려야 할 먼 거리가 남아있음을 눈으로 보고 현실을 확인하게 된다. 결국 허기지고 힘든 나의 상황을 직접 해결할 수 있는 것이 없음을 알게 되면 오히려 더욱 허탈해지고 맥이 쭉 빠지는 것을 경험하게 되었다. 그래서 힘들 때 자연적으로 허상에 사로잡혀 욕망이 솟구치거나 몸이 요구하는 것에 대해 집착을 하게 되면 그 즉시 싹을 잘라버리는 것이 현명하다고 여겨 생각을 다른 것으로 재빨리 돌려버린다. 그렇게 하기 가장 좋은 방법은 기도하는 것이다. 달리면서 기도할 정도로 기도에 도통해서가 아니라 '주님 가르치신 기도'를 뛰어가는 리듬에 맞추어 마음속으로 암송하는 것이다. 교회에서 예배할 때 회중이 함께 암송하듯이 주기도문을 단숨에 빠르게 외워 가는 것이 아니라 호흡에 맞추고 발을 디딛는 것에 맞추어서 천천히 리듬있게 암송하는 것이다. 종교적인 기도를 활용해 고통에서 벗어나는 나름대로의 방법론이라고 할 수 있겠다. 주기도문을 천천히 열댓 번 반복하여 마음속으로 암송하다보면 나의 몸 컨디션에 영향을 줄 잡념이 사라지고 나도 모르는 새에 몇 킬로미터를 어느덧 훌쩍 달려가버린 것을 발견하게 된다. 마라톤은 육체와 정신이 함께 움직여야만 하는 운동이다. 튼튼한 다리로 쉬지 않고 달리기만 하는 것이 아니라 시시각각 육체와 정신이 서로 교류하며 진행하는 몸 전체의 움직임이다. 마라톤을 뛰면서 마음을 무겁게 먹으면 더욱 힘들다. 출발한 지 몇 킬로미터를 못 가서 '이 긴 거리를 어떻게 달려갈 수 있을까' 하고 생각을 하면 몸도 그에 따라 반응을 하여 쉽게 지친다. 이와 같이 걱정을 하며 두려움을 갖는 것과는 반대로 멋진 축제 마당에서 땀을 흠뻑 흘릴 정도로 신나게 놀아보자는 마음으로 달리면 몸이 한결 가볍고 힘도 덜 든다. 그런 마음의 자세는 고통을 이겨내고 중간에 포기하지 않도록 하는 데에도 역시 큰 도움이 된다. 고통을 극복하는 또 다른 방법은 호흡을 잘 관리하는 것이다. 3-4시간을 계속 달려야 하는 장거리 경주에서는 숨이 몸을 따라가면 안되며, 몸이 숨을 따라가야 편히 달릴 수 있다. 100미터와 같은 단거리를 달리는 주자들은 숨을 거의 쉬지 않고 단숨에 달려가 결승선을 통과하고 나서 숨을 거세게 몰아쉬며 헐떡인다. 이런 경우가 숨이 몸을 따라가는 형상이라고 할 수 있다. 그러나 장거리에서는 호흡하는 리듬에 맞추어 달리는 속도를 정하지 못하면 원활하게 완주할 수가 없다. 자신의 호흡에 따라 속도를 조절하지 못하고 들뜬 마음에 몸이 앞서 나가며 오버페이스를 하는 사람들은 반

절도 못 가서 포기하고 주저앉거나 걸어가게 된다. 시종일관 거의 같은 템포로 숨을 쉬며 그에 따라 몸을 움직일 때 가장 편하게 달릴 수 있다. 그런 면에서 마라톤은 평상심을 갖고 길 위를 달리게 하며 그 길에서 나타나는 아픔이나 고통을 이겨나가도록 끌어당기는 구도의 운동이라고 할 수 있다. 길 위를 달리는 과정에 서서히 나타나는 아픔은 몸의 각 부분에서 나타나는데, 허리가 끊어질 듯하게 아프기도 하고 종아리와 허벅지에 쥐가 나기도 하며 발바닥과 발목에 통증이 와서 절뚝거리기도 하고 땀에 젖은 옷에 살갗이 쓸려서 쓰라리기도 한다. 그래도 그 고통의 과정에 포기하지 않고 결승선을 넘으면 몸과 마음이 이루 말할 수 없는 평안함을 느끼며 어떤 강한 희열에 휩싸이게 된다. 길을 걸으며 접하는 매력을 마라톤을 뛰면서도 역시 느낄 수 있었다.

어떤 뿌리로가 열 산 위에 세워진 십자가

4.
감정

오까 산 능선의 눈길

길을 걷는 것은 감정을 풀어가는 훌륭한 방법이다. 걷는 것이 육체와 정신 모든 면에서 큰 도움이 되기 때문에 근래 걷는 사람이 날로 증가하고 있다. 부지런히 걷게 되면 육체적으로 운동이 되며, 정신적으로 마음이 안정되고 스트레스와 긴장이 풀어진다. 마음이 상하거나 화나는 일이 있을 때 주변을 산책하면 폭발할 것 같았던 감정을 누그러뜨리고 다스릴 수 있게 된다. 걷기를 통해 건강해지는 육체와 건전해지는 정신은 상호 작용하여 더욱 좋은 결과를 낳는다. 길 자체는 감정을 갖고 있지 않아도 길에 나의 감정이 투사되고 길은 아무런 불평과 조건 없이 나의 모든 것을 받아 준다. 그런 점에서 세실 가테프의 책 『걷기의 기적』에서 콜레타 수녀는 이렇게 말하고 있다. "걷는다는 것은 우리 인생의 축소판입니다. 거기엔 기쁨도 있고 고통도 있고 책임감도 있습니다. 예를 들어볼까요? 활동, 휴식, 발견, 전진, 포기, 초월, 후퇴, 인내, 체념, 피로, 목표, 절망, 완성…. 걷기에는 이 모든 것들이 들어 있습니다." 장시간 집을 떠나 먼 길을 가는 순례자와 같은 경우에는 자신을 성찰할 수 있는 기회를 자주 갖게 되며 자신이 간직한 감정에 대해 더욱 솔직하게 된다. 길을 가는 것은 자신의 감정을 노출시키는 여정이 되고, 또한 길 떠나기 전에 지녔던 감정을 편하게 꺼내 해소할 수 있거나 되새김질하며 미소 지을 수 있는 의미 깊은 사건이 된다.

길에서 겪게 되는 날씨의 변화는 몸과 마음이 느끼고 반응하는 데에도 영향을 준다. 구름 한 점 없이 코발트 빛 물감을 짙게 풀어 놓은 것과 같은 화창한 날에는 나의 마음도 하늘의 호수에 깊게 빨려들어가 가볍고 설레기까지 한다. 반면에 찬바람이 몹시 불거나 겨울비가 추적추적 내리는 날에는 몸이 움추려들고 마음이 가라앉고 우울해지기까지 한다. 회색빛의 날씨가 사색을 하기에는 도움이 되지만 홀로 가는 길에는 외로움을 더욱 짙어지게 하기 때문이다. 12월 30일 토요일, 프랑스 국경에서 370여 킬로미터 떨어진 까리온(Carrion)에서 출발하는 날도 하루 종일 잿빛 하늘에 갇혀 몸과 마음이 젖어있었다. 게다가 혼자 걷는 길에는 스페인 사람들조차 보기가 힘들어 마을들을 지나치며 "올라(Hola, 안녕)" 또는 "부에노스 디아스(Buenos dias, '좋은 날'이란 뜻)"라고 인사말을 나눈 사람들의 숫자가 한 손으로 꼽을 정도로 적다. 그 대신에 외로운 나의 길에 색다른 만남을 이끌며 감정의 싸움(?)을 일으킨 못 생긴 강아지 한 마리가 잠시 친구로 등장했다.
이처럼 바람이 거세게 불며 비가 오락가락하는 날에는 길을 가다 점심을 먹는 것이 가장 큰 어려움이다. 보통 길을 가다 점심때를 즈음해 배고픔을 느끼는 순간 그곳이 어느 곳이든 적당한 곳을 찾아 점심을 먹는다. 음식점이 열려있는 큰 마을이나 도시를 지날 때는 레스토랑이나 카페에 들러 점심을 먹지만 작은 마을에는 음식점이 거의 없고 있어도 겨울에는 닫혀있기가 일쑤다. 그래서 대부분 들판의 길에 앉아 배낭에서 음식을 꺼내어 먹게 되는데, 비바람이 부는 날은 난감하기 그지없다. 떼라디요스(Terradillos)라는 작은 마을에 들어서니 마침 마을회관과 같은 건물이 눈에 띄고 그 현관에는 비와 바람을 피할 공간이 있고 긴 나무 의자도 있다. 점심을 먹기에 안성맞춤이다. 의자에 앉아서 빵을 꺼내드는데 비에 젖어 꼬질꼬질한 모습의 강아지 한 마리가 어디선가 나타나 1m 정도 떨어져 앉아서는 처량한 눈빛으로 나를 바라본다. 동병상련일까. 식사기도를 하고 빵 한 덩이를 떼어내 먼저 강아지에게 던져주었다. 낼름 받아서 순식간에 삼키고는 또 나를 바라보며 입맛을 다신다. 나는 채 한입을 삼키지도 않았는데 강아지는 다음을 기다리는 것이다. 빵 한 조각을 또 던져주니 역시 금방 해치운다. 먹는 속도가 나와는 비교가 되지 않는다. 소시지도 엄지손가락 크기로 잘라 던져 주지만 게 눈 감추듯 먹어버린다. 나 혼자 먹을 것밖에 남지를 않아 더 이상 주지를 않았더니 조금 기다리는 듯하다가 낑낑대기 시작한다. 불만에 찬 소리다. 왜 더 안주느냐는 투다. 소리가 점점 커진다. 그래서 내가 "이놈이?" 하면서 인상을 썼더니 말은 통하지 않아도 느낌은 완전하게 전달이 되었는지 4-5m 물러나더니 커다랗게 짖기 시작한다. 손을 들어 때리는 시늉을 하자 멀리 달아나며 계속 짖는다. 가까이 오지를 못하고 눈치를 보며 한동안 짖는다. 배은망덕한 놈. 자기의 욕심이 채워지지 않았다고 귀하고 맛있는 것을 나누어 준 사람에게 대들다니. 그 순간 이전투구(泥田鬪狗)라는 말이 떠올랐다. 진흙탕에서 서로 싸우는 개들. 마치 저 강아지처럼 먹을 것과 자신의 이익에 눈이 멀어 진흙탕 속 싸움을 계속하며 큰 소리를 내는 것이 우리 인간이 아닌가. 서로 싸울 뿐만 아니라 은혜를 주신 분에게 대들기도 하는 모습을 보인다. 그런 인간의 모습을 하나님께서 보신다면, 낑낑대다 짖고 대드는 강아지의 심리를 우리 인간이 환히 알고 가소롭게 여기는 것처럼, 똑같이 판단하시고 생각하실 것이 아닌가. 그러면서 하나님께서는 나를 향해 '저 남(南)모시기라는 강아지 놈이...' 라고 하시며 혀를 끌끌 차실지도 모를 일이다. 카미노에서는 작은 강아지와의 만남에도 감정이 드러나고 그로 인해 여러 생각을 하게 된다.

    길을 걸으며 기도를 할 때 무념의 상태에 빠지기도 한다. 주님을 향하고 주님을 떠올리지만 기도의 내용이 하나도 없다. 길을 가는 것이 힘들거나 지쳐서 아무 생각도 하기 싫은 것이 아니며, 습관적이고 기계적으로 기도하게 되는 매너리즘에 빠진 것도 아니었다. 그저 예수 그리스도의 이름만 불러도 마음이 평안해지는 관상의 기도에 머무르게 되는 것이다. 그런 평상심을 방해하는 것은 집집마다 있어서 크게 짖어대는 개들이었다. 사람들은 거의 볼 수 없는 겨울길에서 빠짐없이 나의 움직임을 확인해 주는 것은 개들의 반응이었다. 카미노를 걷다보면 스페인에 개들이 무척 많다는 것을 느끼게 된다. 들판에서 양떼를 따라다니는 개들로부터 개인집 울타리 안에서 공포를 느낄 정도로 크게 짖는 개에 이르기까지 다양하다. 개를 조심하라는 주의표식이 붙은 대문이 많고 마을에 들어서면 어김없이 개들이 맹렬하게 짖어대며 순례자를 환영(?)한다. 푸렐라(Furela)라는 작은 마을을 지나칠 때 줄도 매지 않은 덩치가 웬만하게 큰 개 세 마리가 내 앞에 나타났다. 그 중 한 마리가 유난히 짖어대고 나머지 두 마리는 동조를 하여 으르렁거린다. 가장 극렬한 한 마리는 이빨을 드러내고 곧 달려들 듯한 자세를 취한다. 사태가 심각해지는 것 같아 재빨리 돌멩이를 몇 개 집어 가장 크게 짖는 놈을 향해 돌 하나를 던졌다. 맞지는 않았지만 그 개는 곧바로 도망가기 시작했고 나머지 두 마리도 그 뒤를 따라서 꽁지가 빠지도록 재빠르게 골목길로 사라져버려서, 두 번째로 던진 돌멩이는 개들이 사라져버린 길 위를 허전하게 구르고 있을 뿐이었다. 돌멩이 두 개로 모든 것이 평정되었다. 참으로 웃기는 놈들이다. 공격적인 본능이 있는 개도 있지만 사실 개들이 짖는 것은 그들 스스로가 무섭고 불안해서 짖는 것이다. 상대방과 자신의 위치를 아는 개는 짖지 않고 가만히 있는다. 소떼나 양떼를 몰고 다니는 사람에게 항상 개가 한 두 마리 따라다니며 소나 양들이 풀을 뜯는 것을 지킨다. 개가 길 가운데 조용히 앉아 가축들을 지키는 모습을 자주 보았다. 그러나 그렇게 훈련이 잘 된 개들은 내가 다가가도 짖지를 않는다. 천천히 일어나 내가 지나갈 수 있도록 길을 비껴준다. 겁이 많고 아무것도 모르는 개들이 요란하게 짖는 것이다. 그런 모습의 개들을 보면서 인간도 비슷한 면이 있다는 생각이 들었다. 자신의 내면에 있는 불안과 두려움으로 인해 외적으로 요란을 떨며 으스대거나 공격적인 성향을 보이는 사람들이 제법 많이 있다. 인간의 폭력은 두려움에서 비롯되는 것이 아닐까. 평화롭게 걷던 길 가운데 나를 긴장시키며 흥분하게 만드는 작은 사건이 벌어지면 어쩔 수 없이 감정적인 반응을 하게 되고, 마음이 진정된 후에는 나름대로 해석하는 시간을 갖게 되었다.

   길을 가다보면 예상치 못한 경우를 만나 당황하거나 어쩔 줄 몰라 쩔쩔매게도 된다. 스페인의 겨울은 해가 짧아 오후 5시가 지나면 금방 어두워지기 시작하고 아침 8시에도 밖이 컴컴하여 9시 가까이 되어야 길이 제대로 보인다. 초행길이기 때문에 해가 떨어지면 길을 찾는 데 애로가 많고 특히 알베르게를 찾기가 쉽지 않다. 그래서 나 나름대로 늦어도 오후 5시 이전에 잠을 잘 수 있는 알베르게에 도착하는 것을 기본 원칙으로 세우고 하루에 걸어갈 거리를 가늠한다. 가이드북과 지도를 보며, 그리고 머무는 곳에서 주변 사람들로부터 얻게 되는 정보를 바탕으로 다음날의 목적지를 정하고, 목적지에 도달하지 못하거나 혹은 목적지를 넘어 더 멀리 걷게 될 경우를 위해 다른 대안드 미리 생각한다. 프랑스 국경에서 약 250여 킬로미터 떨어진 비야프랑까(Villafranca)에서부터는 오까(Oca)산을 오르는 경사로가 시작된다.

능선에 오른 후 길은 소나무가 우거진 사이로 10km 정도 뻗은 평탄한 산길로 연결된다. 산에는 며칠 전에 내린 눈이 녹지 않고 그대로 쌓여 있다. 산길에서는 눈이 적절하게 깔려 있어서 예민해진 발바닥이 눈의 부드러움으로 위로를 받는다. 눈이 4-5cm 두께로 길을 덮고 있어 작고 날카로운 돌멩이들을 밟아 절뚝거릴 일도 없을뿐더러 그 쌓인 눈이 완충역할을 하여 발바닥에 전해지는 느낌이 포근하다. 게다가 눈을 밟는 소리가 '사그락 사그락' 또는 '뽀드득 뽀드득' 하고 나니 덩달아 신이 난다. 양쪽에 우거진 소나무 숲으로 인해서인지 바람도 없다. 여름만큼 소나무 향기가 강하지는 않지만 산림욕을 하며 소나무 냄새를 맡으면 상쾌해 진다. 눈을 밟으며 소나무 향기를 맡고 가는 길이 치유의 길이 아니고 무엇이랴. 감사의 찬양과 기도가 저절로 나온다. 숲길이 끝나고 산을 내려온 곳에 나타난 예쁜 모습의 산 후안(San Juan) 수도원. 24km를 걸은 이날의 첫 번째 목적지였다. 그러나 순례자들

산 후안 수도원   아따뿌에르까

에게 저녁 미사가 끝난 후 맛있는 마늘 수프를 제공하는 곳으로 유명한 알베르게는 공사중이어서 닫혀있다. 어쩔 수 없이 나무와 밭 사이로 난 길로 6km를 더 걸어 숙박을 위한 대안지로서 계획했던 마을인 아따뿌에르까(Atapuerca)에 도착했다. 아따뿌에르까는 1997년에 고고학자들이 80만년 된 인류의 뼈를 발굴하여 유네스코에 의해 세계유산 장소로 지정된 곳이다. 그런데 열려있으리라고 믿었던 아따뿌에르까의 알베르게마저도 폐쇄되어 있었다. 가이드북에 겨울에도 열려있다고 적혀있고 전날 머물렀던 알베르게의 주인에게 물어보아서 열려있음을 확인하였었기에 당황하지 않을 수 없었다. 30km를 걸었고 시간도 이미 오후 5시 15분이어서 해가 저물어 가고 있었다. 마을이 별로 크지 않아 잠자리를 얻을만한 다른 숙박업소도 없다. 어디서 잠을 자며 허기진 배를 채울까 하고 궁리를 하며 사방을 둘러봐도 찬 바람만 텅 빈 거리를 휩쓸고 지나간다. 낭패도 이런 낭패가 없다. 고민을 하다 다음 알베르게까지 6km를 더 가기로 하고 발걸음을 재촉했다. 길은 산을 향해 오른다. 독특한 모양의 돌들이 여기저기 많이 널려있는 산이다. 정상에 올랐을 때 해는 이미 지고 서쪽 하늘이 붉게 타고 있었다. 산 정상에는 커다란 십자가 하나가 우뚝 서 있는데 석양을 배경으로 서 있는 그 모습이 장관이었다. 이런 모습은 나만 볼 수 있는 것이 아닌가하고 생각을 했다. 왜냐하면 여름이든 겨울이든 어두워지기 시작하는 순간에 이곳에 올라올 사람이 거의 없으리라고 여겨졌기 때문이다. 갈 길이 바빠서 마음은 급하지만 차분하게 기도하는 시간을 잠시 갖는다.

　　기도는 마쳤지만 걱정은 태산 같다. 속으로 '두려워 말라'는 하나님 말씀을 되뇌며 나 스스로를 격려하지만 불안은 극대화되어 갔다. 초승달이 이미 보이기 시작한 하늘은 검은색으로 변하고 찬바람이 거세지기 시작했으며 주위에는 불빛 하나 없다. 배낭에 남아 있는 음식은 비스킷 조금, 초콜릿 한 토막, 그리고 소량의 물뿐이다. 초콜릿을 먹고 물을 다 마셔 간단하게 요기를 한 후 이런 상황일수록 당황하면 안된다고 스스로에게 당부하며 마음을 단단히 먹었다. 사방을 둘러봐도 인가로 여겨지는 불빛이 하나도 보이지 않는다. 옷을 고쳐 입고 랜턴을 꺼내 길을 비추며 표식판들을 찾아가며 산길을 바삐 내려왔다. 바짝 긴장을 해서인지 지치거나 힘든 줄도 모르고 내려오니 어둠 속에 작은 마을이 나타났다. 이름은 까르데뉴엘라 리오삐꼬(Cardenuela Riopico). 시계를 보니 6시 45분. 그런데 마을에 인기척이 없다. 알베르게를 어떻게 찾아가야 할지 난감했다. 사람들이 사는 마을 한가운데서 있지만 잠잘 곳 없는 이방인, 그리고 아웃사이더의 서글픔이 몰려온다. 다행히 작은 바(bar)에 불이 켜져 있는 것이 눈에 띄어 들어가 알베르게가 어디 있느냐고 물으니 주인 남자가 짓궂은 미소를 지으며 장부책을 꺼내 펼치면서 나의 이름을 적으란다. 알고 보니 그 주인이 알베르게를 관리하는 사람이다. 놀랍도록 반가웠고 오늘도 잠잘 곳이 있다는 사실에 감사를 하며 안도의 숨을 내쉬었다.

　　까르데뉴엘라 리오삐꼬의 바에서 신상 기록을 장부에 남기고 순례자증명서(끄레덴시알)에 도장을 받고 나니 한 청년이 주인으로부터 열쇠를 건네받아 십 여 미터 떨어져 있는 알베르게로 나를 인도한다. 철문을 열고 들어가니 침대 14개와 화장실만 있는 작은 집이다. 난방은 안되고 손바닥만한 전기난로 하나가 덩그러니 있을 뿐이다. 화장실은 지저분하고 게다가 변기가 막혀있어서 몇 차례에 걸쳐 간신히 뚫었다. 부엌이 없어 배낭을 내려놓고 그 바(bar)로 다시 가서 저녁식사를 할 수 있느냐고 물었더니 샌드위치밖에 없다고 한다. 그것으로라도 배고픔을 면할 수 있음에 감사를 드리고 음료수와 함께 먹고 알베르게에 돌아왔다. 알베르게를 혼자 사용한다. 손이 시리다. 추워도 잠자리를 주심에 감사기도를 드리고 슬리핑백에 들어가 얼굴만 내놓고 자크와 끈으로 꼭꼭 여미고 잠을 청했다. 다음날 아침에는 남은 비스킷 몇 조각과 찬물만 먹고 길을 떠났다. 날은 춥고 속은 비어있어서 한국에서와 같이 뜨끈뜨끈하고 얼큰한 해장국을 한 그릇 먹을 수 있다면 얼마나 좋을까 하는 망상에 사로잡히기도 한다. 8km를 걸어 승용차와 트럭의 왕래가 많은 비야프리아(Villafria)에 도착했으나 요기를 할 만한 카페를 발견할 수가 없다. 비야프리아부터는 6차선의 큰 도로 옆에 있는 보도로 걷게 된다. 길 양편으로는 큰 산업단지와 자동차 매장들이 늘어서 있고 길에는 대형트럭들이 질주를 한다. 차들이 많이 다녀 건널목을 지날 때 신경을 써야 하므로 어떤 생각에 몰두하거나 상념에 잠기기가 힘들다. 걷기에는 삭막한 길이다. 부르고스(Burgos)에 도달하기까지 약 4km가 넘는 길을 신경을 곤두세우고 힘들게 걸었다. 그 길 중간에 배고픔에 시달리는 나의 눈을 번쩍 뜨이게 하는 간판이 있었다. 스페인에서 지금까지 볼 수 없었던 버거킹 햄버거 그림이 큼지막하게 그려 있는 것이었다. 햄버거 매장이 가까이에 있으리라 생각하고 다가가 살펴보니 단지 햄버거 제품을 홍보하는 커다란 입간판임을 알고 실망한다.

부르고스는 큰 도시이다. 기차도 다닌다. 큰 도시를 지나는 것이 한편 힘들기도 하다. 그 도시에서 머물거나 둘러보지 않는다면 가야할 길을 찾는 데 힘이 들고 도시를 통과하는 데 시간이 많이 소비되기 때문이다. 큰 수퍼마켓을 만나 식량을 사서 배낭에 채워 넣고 부르고스 성당을 거쳐 시내를 관통하는 아를란손(Arlanzon)강을 따라

아를란손 강변의 부르고스

펼쳐진 공원을 지나간다. 날씨는 맑으며 낮에는 해가 떠 있어서 그런지 푸근하다. 카미노를 걷기 시작하여 부르고스까지 약 300여km를 걸었다. 앞으로 남은 거리는 490km이다. 부르고스를 지나며 재미있는 비유를 떠올려 본다. 즉 산티아고까지 걷는 전체 거리 800여km를 80년을 사는 인생에 비유해서 300km를 왔으니 30대를 지나고 있는 것으로 생각해 본다. 나는 30대에 무엇을 했었는지 회상을 한다. 나의 30대는 당시 서울의 쓰레기 버리는 곳이었던 난지도에서의 목회와 그 후 인천 창영교회에서의 목회, 그리고 미국 유학으로 채워져 있다. 나와 함께 고생스런 삶을 보냈던 사랑하는 아내가 떠올랐다. 부르고스(Burgos)에서 레온(Leon)까지 이르는 180km의 길은 큰 변화가 없는 넓은 평원을 지나간다. 그래서 그 구간을 '메세따(meseta, 고원이라는 뜻)'라는 별칭으로 부르기도 한다. 대평원의 길에 올라서니 나 이외에는 아무도 없다. 마을은 3-4km 정도씩 떨어져 있고 심할 경우에는 10km까지 거리를 두고 있기도 하다. 길을 가며 멀리서 마을을 바라보면 교회가 항상 중심에 있고 교회의 종탑이 제일 높아 눈에 먼저 띈다. 25km를 걸어 깔사다스(Rebe de las Calzadas)에 다다르니 오후 4시 반이다. 알베르게를 찾아가 보니 문에 닫혀있다는 안내문이 붙어있고 인기척이 전혀 없다. 예상 밖의 일이다. 다음 마을까지는 8km를 더 가야한다. 어쩔 수 없이 발걸음을 재촉하여 하늘이 이미 까만색으로 변해버린 6시 20분쯤에 다음 마을인 오르니요스(Hornillcs)에 도착했다. 어둠에 갇힌 마을에는 지나다니는 사람이 없어 알베르게와 알베르게 관리자를 찾을 길이 묘연하다. 작은 바(bar)를 발견했지만 이마저도 불이 꺼져있고 문이 잠겨있다. 막막하다. 길에 서서 대책을 고민하고 있는데 마침 어느 집 문이 열리고 집을 나서는 남자가 있다. 알베르게가 어디에 있느냐고 묻자 관리자의 집을 스페인어로 설명해 주지만 알아들을 수 없다. 그 남자를 그냥 보내면 안될 것 같아 영어로 'Please(제발)' 라는 단어를 계속 말하며 몸짓으로 동행해 주기를 부탁했다. 마지못해 하는 그를 앞세워 관리자의 집을 찾아갔다. 가까스로 알베르게에 혼자 들어가 보니 춥고 썰렁한 것이 어제 머물렀던 곳과 비슷하지만 다행히 부엌과 샤워시설이 있다. 그런데 샤워를 시작한지 2,3분이 채 안되어 뜨거운 물이 서서히 찬물로 바뀌어 간다. 아마 전기로 작동하는 순간온수기인데 성능이 좋지 않아서 그런 것 같았다. 몸에 비누칠을 다한 후라 난감하기 그지없다. 그나마 머리를 같이 감지 않은 것이 다행이었다. 얼음물같이 차가워진 샤워물을 조금씩 찍어 바르며 벌벌 떨면서 비눗물을 간신히 씻어내고 나니 맨몸으로 냉동창고에 들어갔다 나온 것 같다. 부엌에 있는 가스 스토브 두개를 모두 켜서 손을 비벼가며 불을 쪼이고 뜨거운 커피 한잔을 먹으면서 언 몸을 위로한다. 날마다 색다른 경험을 하는 순례의 길이다.

　　　잠을 자는 밤 시간에 알베르게 바로 옆에 있는 교회에서 종을 자주 친다. 난방이 전혀 안되는 추운 방에서 슬리핑백 속에 움츠리고 자고 있는데 정신이 번쩍 들 정도의 종소리가 12번 울린다. 시계를 보니 자정이다. 그 후로 새벽 1시, 4시, 6시, 7시에 종이 계속 울리며 잠을 깨운다. 종지기가 밤새 깨어있어서 기도하며 종을 치는 것일까. 과연 그렇다면 놀라운 기도 생활을 하는 사람이다. 누구일까. 아니면 자동장치가 되어 있어서 시간에 맞춰 울리는 것일까. 그러나 종소리를 들어보면 사람이 종을 직접 치는 것 같다. 항상 깨어 기도하라는 주님의 메시지인 것 같다. 다음 날 아침 8시 반에 출발했다. 추운 날씨다. 그러나 바람은 없고 맑다. 평원이다. 사방 멀리까지 지평선만 보이고 사람이 만든 건축물은 눈에 띄질 않는다. 해를 등지고 서쪽 방향으로 길을 가고 있다는 것을 느낄 뿐이다. 떠오르는 햇살을 받아 붉은 진흙 길이 더욱 붉어 보인다. 길은 하루 종일 걸어도 마을이 나올 것 같지 않게 뻗어있다.

  5km를 가니 작은 알베르게가 있는 아르로요 산 볼(Arroyo San Bol)에 다다른다. 민가는 없고 오직 알베르게만 있는데 이 알베르게는 여름철에만 열기 때문에 잠겨있고 인적이 없다. 히피들의 소굴

아르로요 산 볼   아르로요 산 볼 알베르게앞의 샘

온따나스

과 같은 분위기를 주는 알베르게다. 알베르게 앞뜰의 나무 사이에 수량이 풍부한 샘이 있는데, 이 샘의 물로 순례자들이 발을 씻으면 아픈 발의 고통도 사라지고 산티아고에 이르기까지 발에 문제가 생기지 않는다고 한다. 발을 씻는 대신에 물을 떠서 마시며 주님의 치유의 능력이 내 안에서 작용하기를 기도했다. 평원에 서면 나무 몇 그루만 보일 뿐이지만 길을 가다보면 넓게 패인 분지가 나타나고 그 곳에 마을이 있다. 아르로요 산 볼이 그랬고, 5.5km를 더 가서 나타난 온따나스(Hontanas)도 그랬다. 온따나스까지 가는 길에 다른 순례자는 물론 어느 스페인 주민도 만나지를 못했다. 온따나스 어귀에서 마을을 내려다보니 14세기에 지어진 교회를 중심으로 모여 있는 작고 평온한 모습이 두 팔을 뻗어 한 품에 안을 수 있을 것만 같다. 온따나스로부터 까스뜨로헤리스(Castrojeriz)에 이르는 10km의 길은 여름철에는 해바라기꽃의 물결로 채워져 색다른 감흥을 준다고 하는데 겨울에는 언덕산자락을 타고 넘어가는 거친 돌밭이 황량하게 펼쳐져 있을 뿐이었다. 산 안톤(San Anton)의 고딕 유적지를 지나고 모퉁이를 돌아 눈에 들어온 까스뜨로헤리스의 모습은 인상적이었다. 산 위에 우아한 성이 있

까스뜨로헤리스

산안톤 고닥 유적

고개마루에 올라서서 돌아본 까스뜨로헤리스

고 그 밑에 마을이 형성되어 있었다. 성은 로마의 시저나 폼페이에 의해 세워졌다는 전설이 있으나 고고학자들은 그보다 이른 시기에 지어진 것으로 추정한다. 성은 폐허가 되어 있지만 멀리서 볼 때 그 모습은 아름다웠다. 마을을 지나 길 옆에서 빵과 요구르트로 점심을 먹고 가파른 길을 한참 오르니 뒤로는 가스뜨로헤리스의 전경이 한눈에 들어오고 앞을 보니 넓은 평원이 펼쳐져 있다. 메세따(meseta, 고원이란 뜻)라고도 불리우는 평원 위에 서 있는 것이다. 가스뜨로헤리스에서 점심을 먹고 11km의 평원 길을 더 걷고 나니 이떼로(Itero)에 5시 전에 도착했다. 지난 이틀 밤 고생했던 알베르게가 떠오르며 이떼로의 알베르게는 어떠할지 궁금했다. 마을은 비교적 크다. 시간적 여유가 있어 마을을 둘러보며 살피니 공공 알베르게와 사설 알베르게가 있다. 공공 알베르게는 난방이 되어있지 않아 매우 추워서 사설 알베르게로 발길을 돌렸다. 여러 사람이 쓰는 도미토리는 5유로지만 혼자 사용하는 방은 20유로다. 큰맘을 먹고 싱글룸에 들어가니 현대식 시설에 방이 따뜻하고 뜨거운 물이 잘 나온다. 수건도 별도로 비치되어 있다. 지난 이틀 밤을 지낸 곳에 비하면 천국이다. 오랜만에 편안한 마음을 가지고 뜨거운 물로 넉넉하게 샤워를 하다보니 하나님 은혜에 저절로 감사하며 별것 아닌 것(?)에도 감격해 눈물이 핑 돈다. 샤워하면서 하나님의 은혜를 느끼고 운다. 한동안 거울을 보지 않고 지내왔는데 샤워를 마친 후 거울을 찬찬히 들여다보니 며칠 새 얼굴이 많이 탔다. 유심히 보니 얼굴도 왼쪽과 오른쪽이 차이가 있다. 왼쪽이 한결 많이 탄 것

대평원의 길

을 확인할 수 있었다. 당연한 결과다. 항상 서쪽을 바라보고 걷기 대문에 남쪽으로 기울어진 태양이 나의 왼쪽을 더 많이 비추었기 때문이다. 3층 꼭대기 층에 있는 방은 운치가 있다. 약간 경사진 천장 가운데에 유리로 된 큰 창이 있어서 하늘이 잘 보인다. 맑은 밤하늘에 반달이 떠 있다. 까미노를 걸은 이후 처음으로 슬리핑백을 사용하지 않고 깨끗한 시이트가 깔린 침대에서 포근하게 잠을 잤다. 길을 걸으며 느끼게 되는 행복감으로 몸과 마음의 힘든 것은 승화되고 평안함이 밀려오는 것을 만끽하는 것은 길에 담겨있는 매력 중의 하나이다.

히말라야의 산들을 바라보고 있으면, 그 산이 만년설로 덮혀있든 나무 한 그루 없는 검붉은 흙돌산으로 되어있든, 그 산의 자태에 빠져들어가 미소를 지으며 훈훈한 마음을 갖게 된다. 그러나 간혹 길에서 만나는 사람 때문에 격한 감정의 소용돌이에 휘말리기도 한다.

피상의 모습

안나푸르나 일주를 위한 산행을 시작하여 4일 후 피상(Pisang)에 도착하였을 때의 일이다. 피상은 해발고도 3250m에 위치하고 있어서 고산병에 대해 조심을 해야 하는 곳이며 고도가 높기 때문에 낮

안나프루나 일주 약도

은 지대보다 한결 춥다. 피상 초입에 있는 '마야 호텔(Maya Hotel)'이라는 롯지에 짐을 풀었다. 롯지 규모가 제법 크고 식당에는 장작을 때는 작은 무쇠 난로가 있어서 추운 몸을 녹이고 따뜻하게 저녁밥을 먹을 수 있어서 훌륭한 곳이었다. 저녁 식사를 기다리며 나를 비롯해 다섯 명이 난로 주위에 둘러 앉아 불을 쬐고 있었다. 그 가운데 50대 전후의 영국인 부부가 있었는데 담배를 피기 시작한다. 나는 개인적으로 담배를 피우는 사람을 좋아하지 않는다. 종교적인 이유라기보다는 건강에 큰 해가 되기 때문이다. 특히 담배 피는 사람 옆에 있는 사람에게 간접흡연의 피해를 주고 그 또한 직접흡연 못지않게 몸에 나쁘기 때문이다. 다른 사람에게 피해를 주지 않고 혼자서 기호생활을 하며 즐기는 권리를 문제삼지는 않는다. 길가면서 담배를 피워 내가 어쩔 수 없이 바람에 실려오는 담배연기를 들이마시거나 공공장소에서 피워대는 담배연기를 마실 수밖에 없게 되면 불쾌하기가 짝이 없다. 그래서 공공장소인 식당에서 담배를 피우는 영국인이 마뜩찮았다. 게다가 그곳은 3천 미터가 넘는 고산지대로 부족한 산소를 취하기 위해 몸이 적응하려고 고생하고 있는 시점이 아닌가! 몹시 불편했지만 그 영국인이 담배 한 대를 다 피기까지 추운 밖에 나갔다 들어오고 문을 잠깐 열어놓아 환기를 시키기도 하였다. 그런데 얼마 지나지 않아 담배를 또 핀다. 그래서 영어의 정중한 표현(Would you mind~로 시작되는 구문)을 써서 "밖에 나가서 담배를 피워주시겠어요? 숨이 막힙니다."라고 말을 건넸다. 그러나 그는 싸늘하게 "싫어"라고 단호하게 말하고 계속 담배를 피웠다. 어이없어 할 말을 잃었다. 마음속으로 '뭐 이런 경우 없는 놈이 있나?'라는 생각이 들고 화가 났지만, 몇 마디 말로 논쟁을 해서 그 사람의 인생 태도가 바뀌지는 않을 것이라고 여기며 식당을 나와 내 방으로 돌아와 슬리핑백 속에 들어갔다. 배낭여행을 하며 유스호스텔의 공동취사장에서 만난 한국 젊은이들과 얘기를 나눈 것 가운데, 여행하면서 접해본 유럽인들 중 어느 나라가 제일 마음에 들지 않는가 하는 내용이 떠올랐다. 이스라엘 청년이 제일 생활이 문란하고 남을 배려하기 않고 숙소에서도 이기적으로 행동하며 다음으로 영국 청년으로 고집이 세고 다른 사람을 무시하는 행태를 보이고 그 다음으로 마음에 안 드는 것은 미국 청년이고 프랑스와 캐나다 청년이 비교적 낫다는 평이었다. 물론 단편적으로 평가하고 주관적이고 제한적인 경험으로 판단하는 것이 바람직하지는 않지만 내가 여행을 하면서 경험한 바로도 수긍이 가는 내용이기도 하였다. 어찌 보면 사소한 일이라고도 할 수 있는 피상의 롯지에서의 사건은 나의 많지 않은 경험의 카테고리 속에 영국인에 대한 사례가 하나 추가되는 일이었다. 하나님께서 창조하신 놀라운 세계를 보면서 영혼을 보다 맑게 간직하고 싶어했던 나였기에 분노나 미움, 원망 등을 품지 않으려고 했지만 슬며시 부아가 나기도 하였다. 사람들 가운데 자기중심적으로 살면서 으스대거나 남을 배려하지 않는 부류가 있지만 안나푸르나 산속에서 그런 사람을 만나는 것은 썩 유쾌한 일이 못되었다. 아무리 경제적으로 능력이 많고 구비하고 있는 장비가 좋다고 하더라도 겸허한 마음가짐을 갖지 않고서는 산이 베풀어주는 풍성한 기운을 받지 못할 뿐만 아니라 건강하게 산행을 마무리할 수 없을 것이라는 생각이 들었다. 이틀 뒤 마낭(Manang)에서 그 식당에 같이 앉아있던 다른 여행자를 통해 그들이 고산증세가 나타나 산을 내려갔다는 이야기를 들을 수 있었다.

      에베레스트산이 있는 쿰부 지역을 트레킹하면서도 그다지 심각한 문제는 아니지만 마음이 편치 않은 일을 겪었다. 남체에서 고쿄로 가는 길의 도중에 고쿄 못미쳐 있는 마체르모(Machhermo)에 점심 이전에 도착했다. 해발 4410m에 위치한 마체르모는 4-5개의 롯지와 집 몇 채가 있는 작은 마을로 고쿄계곡에 자리잡고 있다. 한낮의 햇살은 따갑지만 설산으로부터 계곡을 타고 내려오는 바람에 얼음의 냉기가 그득 들어있는 것이 살기가 배어있는 듯하다. 숙소로 정한 남걀 롯지(Namgyal Lodge)는 마당이 넓고 시설이 비교적 괜찮은 편이다. 롯지 식당의 유리창을 통해 햇볕이 잘 들어 따뜻하다. 푸근하고 여유있는 마음으로 휴식을 즐기고 있는데, 사단은 디지털 카메라의 배터리를 충전하는 과정에서 일어났다. 쿰부 지역은 안나푸르나와는 달리 롯지에서 배터리를 충전할 때 돈을 받는데 보통 한 시간에 100루피(약 1불 50센트)이다. 나는 디지털 카메라를 두 대 소지하고 적절하게 번갈아 사용하였으므로 두 대의 배터리를 모두 충전해야 했다. 충전은 매일 하다시피 했기 때문에 두 개의 배터리를 충전하는 데 한 시간 정도면 충분하였다. 배터리 하나를 충전하는 데 35분의 시간을 쓰고 나머지 하나를 더 충전하려고 하는데 롯지 주인 남자가 한 시간 30분이 지났다며 더 이상 충전하지 말고 한 시간 값을 내라고 한다. 내가 아직 30분이 남아있다고 해도 고개를 절레절레 흔들며 눈을 부릅뜬다. 마치 내가 돈을 떼어먹으려고 하는 것과 같다고 여기는 듯 빈정대는 표정을 짓는다. 그러면서 다른 사람들이 보통 배터리를 충전할 때 한 시간 반 정도 걸렸다고 한다. 나의 배터리는 완전히 방전된 것이 아니고 어제에도 충전을 했기 때문에 오래 걸리지 않는다고 내가 목청을 돋아 설명을 해도 주인은 무시를 한다. 나와 거의 동시에 롯지에 도착한 독일과 스위스 청년 둘이 식당에 있어서 그들에게 롯지에 도착한 시간을 상기시키며 한 시간도 채 지나지 않았다고 합리적인 설명을 하며 주인이 잘못되었음을 호소했지만 그들은 말을 얼버무리며 이 사태에 개입하기를 꺼려한다. 그런데 그들과 함께 온 포터 두 명은 가제는 게 편이라고 주인이 맞을 것이라고 거들고 나선다. 나를 제외한 모두가 한 편이 되어 나를 거짓말하는 파렴치한 인간으로 여기는 것 같아, 왜 나를 못 믿느냐며 큰 소리를 치며 화를 내었다. 그리고 증거를 보여주겠다고 하며 디지털 카메라의 다시보기 프로그램을 작동시켜 충전하기 전에 롯지의 마당을 찍은 사진을 보여주고 그 사진에 담긴 촬영 정보를 제시했다. 디지털 사진은 각 장마다 화소수와 노출, 셧터 스피드를 비롯해 촬영시각 등이 기록되어 있다. 충전을 시작할 때의 시각을 본 주인은 아무 말도 못하고 충전하는 비용은 내지 않아도 된다고 하면서 부엌으로 들어가 버린다. 야단을 치며 화를 풀고 싶었지만 참기로 했다. 이처럼 멋진 산에 와서 화를 낸다는 것이 어울리지 않는다는 생각이 들어서였다. 그러나 괘씸하다는 생각이 완전히 지워지지 않았고 길을 가는 도중 가끔 튀어나와 마음을 껄끄럽게 만들기도 하였다. 그럴 때마다 고개를 들어 먼 산이나 들판, 하늘의 구름을 보며 마음을 추스르고 마음의 찌꺼기를 털어버리려고 하였다. 그렇게 털어내는 것이 길에서는 가능했다. 왜냐하면 길을 가면 잊고 떠나보내게 되기 때문이다. 길은 살아있고, 한 곳에 묵묵히 서서 바람과 눈비, 그리고 햇볕을

다 받아들이고 자라는 나무처럼 기쁨과 슬픔과 분노를 간직한 채 지나가는 모든 사람을 품어주며 또 그 감정들을 승화시켜 새로운 삶의 깊이를 만끽할 수 있도록 다른 세상과 연결되어 끝없이 뻗어있고 열려있다.

    길에서는 분노와 같은 무거운 감정을 털어버리고 가기도 하지만 희열에 넘치는 환희의 순간을 즐기기도 한다. 멋진 수식어를 동원해 표현하지 않아도 "정말 좋다!"라는 단순한 한 마디를 나도 모르게 내뱉을 수 있는 순간이 있다. 그 순간은 계획한 여정을 끝내고 목적지에 도착했을 때만이 아니고 걸어가는 길 위에 언제나 존재한다. 마치 우주의 리듬에 나의 호흡이 맞추어지는 순간과 같은 때가 있다. 그 시간에는 경외심으로 호흡이 멈추며 탄식과 같은 환호가 터지며 기쁨에 젖는다. 히말라야 산 속에서의 밤은 낮의 느낌과는 다른 신비한 분위기 속에 잠겨 우주의 소리를 들을 수 있게 한다. 인위적으로 만들어낸 조명 때문에 참된 쉼을 방해받는 도시에서 보고 느낄 수 없는 것

마체르모 모습

링모의 모습

이다. 에베레스트에서 카투만두로 돌아오는 길, 루크라(Lukla)에서 비행기를 타지 않고 일주일 정도 걸리는 지리(Jiri)까지 걸어와서 그곳에서 버스를 타고 카투만두로 돌아가기로 계획을 세웠다. 2, 3천 미터대를 넘나드는 산들을 타고 오르내리는 산길 중간에 링모(Ringmo)라는 마을에서 하룻밤을 머물게 되었다. 2008년의 마지막 날인 12월 31일에! 산 속에 있는 마을에는 전기가 들어가지 않은 곳이 많은데 링모 또한 전기가 들어오지 않는 작은 마을이다. 해발고도 2720m에 있는 링모에는 사과나무가 많아 말린 사과, 사과주스, 애플와인 등이 많이 생산된다. 세 곳의 롯지 가운데 한 곳만 열려있어서 들어간 '셀파 롯지(Sherpa Lodge)' 에는 허리가 아프고 숨이 차서 거동이 불편한 엄마를 대신해 이름이 '벤바 쵸빠 셀파' 라고 하는 12살 소녀가 부엌일을 의젓하게 다 하고 있었다. 부엌의 화덕 앞에서 밥 짓는 장작불을 쬐며 감자튀김에 애플와인을 마셨다. 전기가 없어 가느다란 초를 켜고 희미한 부엌에 앉아 먹었지만 비길 데 없는 훌륭한 맛이다. 한국에서 멀리 떨

링모 셀파 롯지의 소녀 주방장

어져 나 혼자 있어도 포근한 연말이다. 방으로 돌아와 랜턴을 끄니 사방이 캄캄하다. 창가에 서서 밖을 보니, 마을에 불을 켜 놓은 곳도 없고 달도 뜨지 않은데다 구름이 껴서 별빛도 보이지 않는 완벽한 캄캄함이다. 절대 어둠이라고 할까. 아무 소리도 들리지 않는 고요함까지 더한 그 어둠은 신비 그 자체였다. 어둠이 이렇게 아름다울 수 있을까.

　　　히말라야 산 속에서는 완벽한 어둠과 함께 빛나는 밤하늘이 있다. 그 밤하늘을 올려다보는 것은 경이로운 일이다. 보름달이 떴을 때나 보름달이 아니더라도 달이 밝을 때는 달빛으로 인해 작은 별들이 눈에 들어오지 못한다. 그러나 달빛이 없는 맑은 밤하늘에는 검은 색을 바탕으로 수많은 별들이 춤을 추고 있다. 똑바로 서서 하늘을 보려면 고개를 뒤로 젖혀야 하기에 목이 불편하고 쉬이 아파오므로 나무로 된 긴 의자에 눕거나 기둥에 기대어 별을 보고 즐기려고 하지만 겨울밤 추위와 매서운 바람에 오래 견디지 못한다. 한밤중에 화장실에 갔다 오다 올려본 별들은 더욱 환상적이지만 몸이 금방 얼어붙는 것 같아 오래 버티지를 못한다. 몇 분 동안이지만 빨려들어간 청량한 밤하늘에는 가슴이 막힐 정도의 수많은 별들이 밝게 빛나며 박혀 있다. 별자리를 찾을 때 눈에 쉽게 뛰기도 하고 별자리 모양에 대해 가장 잘 알고 있어 항상 먼저 자신있게 골라내던 북두칠성과 북극성조차 분간하기가 힘들 정도로 많은 별들이 촘촘히 엉켜있다. 까만 하늘 전체에 빈틈없이 별들이 가득 차 있어 눈이 시리다. 무지개를 보며 마음(심장)이 마구 뛰었다는 어느 시인의 표현처럼 맥박이 요동을 친다. 혼자 지긋이 짓는 미소 속에 영혼의 환희가 깃들인다. 이처럼 하나님께서 창조하신 놀라운 세계를 바라보며 경이로움에 차서 기뻐하며 하나님을 찬양한다. 그리고 '맑음'과 '깨끗함'을 바라는 기도를 드린다.

사진 안인철 목사님 제공

쏘롱라 가는 길

5.
깨달음

길을 걷는 것은 기도 자체이면서 동시에 길에 담긴 신의 메시지를 알고 받아들이는 것이다. 나에게 있어서 오랜 시간 먼 길을 걷는 것은 거친 자연과 겨루어 이겼음을 드러내고자 하는 정복욕이나 과시욕의 결과는 아니다. 오히려 회개의 기도를 하며 속죄를 구하는 과정이 아니었을까. 하나님에게 두들겨 맞을 줄 알기에, 하나님으로부터 직접 매맞기 전에 나 스스로 길을 걸으며 매질을 하는 것이 아닐까. 그렇다고 결코 자학(自虐)하는 것이 아님은 기쁨이 넘치고 큰 감동이 물결치는 순간들이 끊이지 않았음이 그를 증명한다. 걷는 기도는 하나님의 메시지를 깨달아 가는 과정이다.

　　　길을 계속 걸어가면 만나고 접할 수 있는 세계는 점점 넓어져 간다. 걷는 것이 몸의 칼로리를 소비하고 마음을 안정시켜주며 스트레스를 해소해 주기 때문에 건강에 매우 유익하다는 신체운동학적 사실에만 머무르지 않고 길을 가며 만나는 세계가 전해주는 메시지를 듣고 그 의미를 파악할 수 있다면 삶이 더욱 풍성해 질 것이다. 그래서 세실 가데프도 『걷기의 기적』에서 "걷는다는 것은 숨쉬고, 바라보고, 명상하고, 발견하고, 나누고, 그리고 성숙한다는 것을 의미한다. 그리고 보다 높은 質의 삶을 의미한다."고 설명하면서 "걷기는 우리의 영혼과 마음을 열어주어 길에서 만나는 모든 것들을 받아들이게 만든다."고 강조한다. 철학자 데카르트의 '나는 생각한다, 고로 나는 존재한다'는 명언을 활용하여 길을 걷는 것의 의미를 '나는 걷는다, 고로 나는 존재한다'고 표현하기도 한다. 길은 정직하다. 길을 가는 누구에게나 있는 그대로 모든 것을 보여준다. 스스로 감추려고 하는 것이 없다. 길을 가는 사람이 보지 못할 경우가 있을 뿐이다. 길은 거리를 임의로 늘이거나 줄이지 않는다. 언제나 동일한 거리를 간직하고 있다. 사람에 따라, 그리고 동일한 사람이라도 상황이나 주관적 판단에 따라 멀게 느껴지기도 하고 가깝게 보이기도 할 뿐이다. 또한 길은 누구나 받아들인다. 인간이 이념이나 정치적인 이유, 경제적인 이해관계 등으로 길을 묶어 통행을 금지하는 것이지 길이 사람을 거부하지는 않는다. 길은 누구도 차별하지 않고 묵묵히 언제나 그 자리에 정직하게 있으면서 사람들이 지나가기를 기다리고 있다. 그러나 길은 단순히 걷는 사람과 동떨어져 존재하는 객관적인 실체는 아니다. 길을 걷는 사람은 그 길과 육체적이고 정신적이며 영적인 소통을 하며 길과 하나가 된다. 그리하여 길을 가며 길의 의미를 깨닫게 될 때 스스로가 존재하고 있음을 확인할 수 있게 된다. 종교적 차원에서 현학적으로 표현하면 길을 걷는 것은 선(禪)의 경지에 이르기 위해 발걸음을 옮기는 것이다. 삶 자체가 기적임을 걷기를 통해 배운다. 절벽에서 뛰어내릴 때 천군천사가 와서 발을 떠받쳐 전혀 다치지 않게 하는 것이 기적이 아니다. 기적은 진리의 깨달음 속에 있다. 길 위에 깨달음이 있다. 그래서 길은 아름답다. 때로는 길을 가다 머물러 서서 돌아보면 미처 보지 못하고 지나쳐온 아름다움이 거기에 또 있다.

길에서 어떤 깨달음을 얻을 수 있는 것은 평상적이고 일상적인 상황과는 다른 경우를 만나 크거나 작은 사건을 경험하면서 다시금 깊게 생각하도록 하기 때문일 것이다. 길을 가면서 발생하는 사건의

피레네 산맥을 넘어가는 길

대표적인 것은 길을 잃어버리는 것이다. 처음 가는 길이며 장기간에 걸쳐 길을 가게 될 경우에는 길을 잃게 되는 확률도 커진다. 까미노를 걷는 첫날부터 길을 잘못 들어 고생을 했다. 프랑스의 국경마을 생장피드포르에서 출발한 첫날의 목적지는 피레네 산맥 너머에 있는 른세스바예스(Roncesvalles)로 25 Km 떨어져 있다. 첫날인 12월 17일 날씨는 흐려 있고 비가 가볍게 오다 그치기를 반복했다. 춥지는 않고 마치 싱그러운 이른 봄날과 같다. 길은 대관령을 넘어가는 것같이 완만하게 시작한다. 길에는 표식들이 곳곳에 있어서 그것을 따라 걸으면 된다. 표식은 조개의 문양을 그린 표지판과 표지석, 돌이나 기둥, 벽에 그려진 노란색 화살표, 그리고 나무에 표시된 빨강과 흰색 두 줄 등 다양하다. 피레네 산맥을 넘어가는 길은 둘이 있는데, 하나는 왼쪽 길로 나폴레옹이 스페인을 정복할 때 지나갔다고 하여 나폴레옹 루트라고

론세스바예스   안개에 묻힌 고개마루의 길

불리는 것으로 능선을 따라 가며, 다른 하나는 중간에 있는 마을 이름을 사용한 발까를로스(Valcarlos) 루트로 오른쪽 계곡을 따라 올라가는 길이다. 두 길 가운데 나폴레옹 루트가 더욱 험난하고 길가에 집이 거의 없다. 그래서 마실 물과 먹을 것을 충분히 가지고 가야만 하며 기상이 나쁠 때는 여름철에도 위험하다고 하는 길이기도 하다. 날이 흐리고 비가 오락가락하니 알베르게 주인이 발까를로스 루트로 갈 것을 강력히 권한다. 나폴레옹 루트로 가보고 싶었지만 지나친 자만은 금물이라는 생각에 주인의 말을 따르기로 하였다. 생장피드포르 옆을 흐르는 니베(Nive) 강을 따라 계곡 길을 서서히 올라가며 낙엽이 쌓여 있는 호젓한 산길을 지난다. 큰 산을 등산하는 것과 같다. 만나는 사람도 없다. 어느 정도 올라가다 나무로 된 작은 다리를 건너고 나서 내가 짐작했던 것과 다른 방향으로 가는 것 같아 갑자기 불안감이 엄습했다. 얼마를 더 가도 표식이 보이지 않는다. 10여분을 바삐 걸어 계속 가 보니 표식이 나타나며 그제서야 안도의 숨을 쉰다. 그와 함께 10여분 동안 불안감으로 인해 아름다운 계곡 길에 눈을 제대로 주고 오지 못했다는 아쉬움이 몰려왔다. 우리도 인생길에서 어떤 불안감이라도 깃들이면 아름다운 인생의 진면목을 못 보고, 또 못 느끼고 고통 속에서 지나쳐 버리는 것이 아닐까. 겨울이라 순례자들이 거의 없어 가는 길에 다른 사람을 전혀 만나지 않는다. 혼자 기도하고 사색하며 걷기에 너무나 좋은 길이다. 하나님의 영광을 찬양하며 까미노로 인도하심에 감사를 드리고 까미노를 건강하게 잘 마치게 해 달라고 기도한다. 그리

산타크로스가 매달려 있는 장식

고 여러 기도를 마음에 떠오르는 대로 드린다. 아무도 오고가지 않는 산속 길에 앉아 빵에 버터를 발라 점심을 먹은 후 계속 산길을 올라 고개 마루 가까이에 다다르자 구름이 가득하고 안개비가 내린다. 짙은 운무 속에 10m 앞이 안 보인다. 꿈길을 걷는 듯, 몽환적인 분위기를 즐긴다. 그러나 지나친 몽환에 빠지는 것은 길을 잃게 만드는 법. 가이드북의 지도에 따르면, 고개턱에서 왼쪽 능선을 타고 왔던 나폴레옹 루트와 만나 오른쪽으로 조금만 내려가면 해발 1040m에 위치한 이바네따(Ibaneta) 예배당을 지나 계속 내리막길을 통해 론세스바예스에 다다르게 된다. 그러나 짙은 안개로 인해 론세스바예스로 내려가는 길을 놓치고, 그 대신에 나폴레옹 루트를 타고 능선 쪽으로 계속 올라가면서 길의 방향을 잃은 것이다. 간간히 표식표가 있음을 확인했지만 화살표가 표시되어 있지 않아 방향을 모른 채 간 것이다. 40여분을 계속 가도 길은 오르막이고 내려갈 기미가 없다. 오후 5시가 가까워 서서히 어두워지고 있으며 바람도 거세게 불어 마음이 심란해 지며 불안감이 서서히 일어나기 시작했다. 여름이면 지나가는 사람이 많아 나의 실수를 금방 알 수 있었겠지만, 오후 내내 한 사람도 만난 적이 없으니 길을 물어볼 수도 없었다. 지도에 나타난 거리와 내가 걸은 시간을 비교해 볼 때 무엇인가 잘못되었음을 직감했다. 오늘의 목적지까지 못가더라도 안전한 쪽을 택하는 것이 낫다는 생각이 들어서 갔던 길을 돌이켜 바삐 내려왔다. 걱정에 가득 차 뛰는 듯이 30분을 내려오니 이바네따 예배당이 안개 속에서 갑자기 튀어나온 것처럼 보인다. 그때서야 짙은 안개 때문에 고개턱에서 오른쪽으로 20-30m 떨어진 예배당을 보지 못하고 반대쪽인 나폴레옹 루트를 따라 거꾸로 열심히 올라갔음을 알 수 있었다. 론세스바예스에 도착하니 6시가 넘었고 날은 이미 캄캄해졌다. 이 사건으로 하나님께서 주시는 귀한 가르침을 깨달을 수 있었다. 사실 마음속으로는 걷는 거리가 멀지 않다고 생각을 하며 순례 첫날이어서 워밍업한다고 가볍게 여겼던 것이다. 그런 나를 자만하지 말라고 5-6km를 힘들게 더 걷게 하시며 학습을 시키신 것이다. 안개 속에서 잠시 길을 잃었던 경험은 나로 하여금 하나님께 회개의 기도를 드리며 자만했던 나 자신에 대한 용서를 구하게 했다. 그러면서 떠오르는 생각은 우리도 인생길에서 주위에 눈이 팔려 너무 넋을 놓고 있다 보면 가야할 길을 놓치기 쉽다는 것이다. 길을 잃게 되는 과정도 알지 못하는 사이에 진행되어 자신이 엉뚱한 길을 가고 있다는 것을 자각하지 못할 수도 있다. 그러므로

영혼의 울림을 간직하고 있는 것 같은 소박한 종

잘못된 길 위에 있음을 빨리 깨달을수록 좋다. 더불어 중요한 것은 잘못하고 있음을 인식하였으면 그동안 수고로이 걸었던 길이 아깝더라도 즉시 돌이켜 와야 한다는 것이다. 자기 고집만을 부리며 잘못된 길에서 돌이키지 못하는 인생이 얼마나 많은가. 그날 한 시간 이상 더 걷고 그로 인해 발이 더욱 아픈 것은 물론이고 양쪽 어깨가 뻐근하그 멍하지만 귀중한 교훈을 얻은 셈이다.

　　　　길을 걷는 것은 어느 한 곳에 고정적으로 머물지 않고 지나쳐가는 것이기 때문에 지나가는 지역과는 유리된 국외자일 수밖에 없다. 특히 연말연시와 같이 공식 휴일이 많은 기간에는 기분이 흥겹기보다는 어려움이 더 많다. 성탄절, 새해 첫날, 그리고 주현절(1월 6일)이 몰려 있는 이 고비를 어떻게 잘 넘기는가 하는 문제로 고민하였다. 주일인 24일과 월요일인 성탄절 연휴 기간 동안에는 모든 상가가 문을 닫고 알베르게도 열려있을지 불확실하다. 이틀 이상을 먹을 식량을 미리 구하고 메고 가는 것은 생각만 해도 힘들다. 세상의 많은 사람들은, 그리고 이곳 주민들은 성탄절이라고 가까운 사람들끼리 모여 파티를 열고 축제를 즐기겠지만, 길을 걸어가야만 하는 순례자 입장에서는 먹을 것과 잠자는 곳을 구하고 얻기가 더욱 힘들어 즐거운 것과는 거리가 멀었다. 성탄절은 평화의 주님께서 오심으로 인해 서로 화해하고 관대함을 베푸는 것이 본질이라는 생각이 들면서, 남들이 나름대로 즐거워할 때 나는 다른 걱정을 해야만 하는 것이 어쩌면 이율배반적이라는 생각이 들었다. 그와 동시에 '한국에서 나는 과연 어떠하였나?' 라는 질문이 나를 강하게 엄습했다. 내가 정처없이 걸어가며 걱정해야 하는 것처럼, 한국에도 추운 겨울에 아픔과 고민을 가지고 길에서 노숙을 하고 제대로 먹지도 못하는 사람이 많다는 사실이 떠오르자 나도 모르게 눈물이 흘렀다. 그들을 조금이나마 이해할 수 있었고 또한 기도할 수밖에 없었다. '주여, 그들을 불쌍히 여기시옵소서.' 그리고 또한 '주여, 우리를 불쌍히 여기시옵소서'. 까미노를 걸으며 바라본 스페인의 성탄절 분위기는 그리 유별나지 않다. 농촌이기도 하겠지만 중간 중간에 마을을 지날 때 살펴보면 요란한 모습은 전혀 없다. 가끔 등에 선물 꾸러미를 메고 줄사다리를 타고 있는 산타클로스를 베란다나 벽에 또는 지붕 끝에 메달아 놓은 집을 볼 수 있을 뿐이었다.

주현절(主顯節, Epiphany, 예수 그리스도의 신적인 능력이 드러남을 기념하는 절기)도 스페인에서는 공휴일로 그 다음 날이 주일이어서 연휴가 되었다. 수퍼마켓과 가게들이 문을 닫아 순례자들이 힘들어할 수밖에 없는 연휴가 또 남아있었다. 그러나 이젠 모든 것을 주님께 맡기고 너무 염려하거나 조바심을 내지 않기로 했다. 간단히 먹을 빵과 과일만 사면서, 기도를 했다. 주현절에는 부활하신 예수께서 엠마오 도상의 제자들에게 '나타나시어' 함께 말씀을 나누고 걸으신 것처럼, 나에게도 '나타나시어'(이것이 주님의 현현[顯現]이 아니고 무엇이겠는가!) 나와 함께 걸으셔서, 내가 그것을 강하게 체험할 수 있게 해 달라고 기도했다.

거리가 짧다고 쉬운 것은 아니다. 멀고 가까운 것은 마음에 달려 있었다. 까미노를 걸으면서 하루에 40km 이상 걸은 적이 꽤 된다. 중반을 지나 몸이 장거리에 적응을 하고 탄력이 붙어서인지는 몰라도 끝무렵에는 매일 35km 이상을 걸었다. 40km 이상을 걷고자 하는 날에는 아침부터 마음을 단단히 먹고 힘차게 출발하여 부지런히 간다. 까미노 길에 발을 딛기 시작한 지 2주일이 지난 어느 날 머물게 될 알베르게를 염두에 두고 고려하다가 20km가 조금 넘는 거리를 걷게 되었다. 그 날 걷고자 하는 거리가 다른 날과 비교해 짧기 때문에 여유 있게 천천히 걸었다. 그러나 긴장이 풀려서인지 마찬가지로 힘들다. 마치 마라톤 하프코스를 달리는 것과 같다. 42.195km의 마라톤 풀코스를 뛰다 보면 반환점 내지는 중간 지점까지는 힘들다는 생각이 들지 않는다. 30km가 지나면 서서히 체력이 떨어짐을 느끼고 35km를 전후해서 체력이 고갈되어서 멈추어 서서 쉬고 싶은 강한 유혹에 빠질만큼 힘들다. 그런데 신기한 것은 21.0975km의 하프 마라톤을 뛸 때에도 비슷한 현상이 나타난다. 하프 마라톤을 뛸 때에는 풀코스보다 조금 빨리 뛰기는 하지만 17km 정도 지점에서 힘이 빠지며 나머지 3-4km를 기진맥진한 가운데 뛰게 된다. 사람들은 속도조절을 못했다느니 훈련이 부족하다느니 말할지 모르나 나는 정신적인 것이 작용하기 때문이라고 생각한다. 풀코스를 뛸 때 하프 지점은 지나가는 곳이지만 하프를 뛸 때는 그 자체가 최고로 먼 거리라고 인식하기 때문일 것이다. 걷게 될 길이 짧은 길이라고 여유를 부린 그 날에 만만치 않은 고생을 했다. 저녁에 머무를 알베르게가 언제나 나타날까 고대하고 가니 더욱 쉽게 지칠 뿐이었다.

　　　날마다 30킬로미터 이상을 걷다보니 거리감에 대해 새로운 인식을 하게 된다. 예전에는 1킬로미터가 그리 먼 거리가 아니라고 생각을 했다. 집 가까이에 있는 일산 호수공원을 걸으면서도 5킬로미터나 10킬로미터가 걷기에 그다지 힘든 거리가 아니라고 생각했었다. 둘레가 5킬로미터인 호수공원을 한바퀴 걷는 것이 어려운 일이 아니고 달리기를 할 경우에도 한두 바퀴는 가볍게 뛰곤 했기 때문에 멀지 않은 거리라고 여겼던 것이다. 그러나 무거운 배낭을 지고 하루 종일 걷다 보면 5킬로미터가 결코 짧은 거리가 아님을 절감하게 된다. 넓은 밭 사이로 난 길을 가다 보면 멀리 교회를 중심으로 집들이 모여 있는 마을이 보인다. 꽤 멀리 떨어져 있는 것 같지만 2,3킬로미터 정도밖에 되지 않는다. 마을들은 몇 킬로미터씩 떨어져 있는데 10킬로미터가 넘게 떨어져 있는 마을도 있다. 그처럼 매우 멀리 떨어져 있을 경우에는 다음 마을이 한 눈에 들어오지 않는다. 길게 뻗은 길을 몇 굽이 돌고 언덕을 오르내리고 나면 그제서야 마을 하나가 멀리 떠오른다. 길을 걷다가 외롭고 힘이 부치면 이 바람부는 들판에 왜 서 있는가, 왜 걷는가라고 스스로에게 질문을 계속 던지게 된다. 길을 가면서는 거리뿐만 아니라 시간의 흐름에 대해서도 민감하게 된다. 여름철에는 낮의 해가 길어 충분한 시간이 있고 최악의 경우 해가 졌을지라도 벌레들이 무는 고통이 있지만 길에서라도 잘 수 있다. 그러나 겨울에는 해가 짧고 아무데서 잘 수가 없어 점심을 먹고 나면 은근히 불안해 진다. 그래서인지 오전보다는 오후에 길을 가는 것이 더욱 신경이 쓰인다. 오후 4시만 되면 해가 이미 서쪽에 기울어 하늘을 붉게 물들이기 시작하고, 잠잘 곳이 정해지지 않은 순례자로서 그 노을빛을 보는 것은 낭만이 아니고 고뇌이고 불안이다. 붉은 태양빛이 더하여 더욱 붉게 보이는 광야와 같은 길을 걸으며 마가복음 8장에 나오는 예수께서 4천명을 먹이신 사건을 생각한다. 4천명 가운데는 멀리서 온 사람들도 있었고 돌아가다 배고픔으로 기진할 사람들도 있었다. 이전에는 4천명이나 되는 많은 사람들 자체가 관심의 초점이었으나 이처럼 광야의 길을 걷다 보니 관점이 다른 데에 있게 된다. 먼 곳에서 예수님을 만나기 위해 온 사람들과 그 사람들을 걱정하시어 배부르게 해 주는 예수님에게 눈길이 간다. 나도 주님을 찾아 나섰는데, 복음서에 나오는 것처럼 주께서 나도 불쌍히 여기사 먹여주시기를 간구하다 보니 나도 모르게 눈물이 또 흐른다. 거의 매일 혼자 가는 길 위에서 끊임없이 주님을 찾고 대화를 나눈다. 아니 어찌 보면 나 혼자 끝없이 질문을 던지고 나의 바람을 제시하는 것으로 끝나버리는 것인지 모르지만, 주님을 향한 열심의 끈을 놓지 않음으로써 고뇌와 불안은 사라지게 된다.

까미노의 막바지에 접어들었을 때는 날씨가 좋지 않아 세찬 바람과 함께 비가 억세게 뿌린다. 까미노의 방향을 지시해 주는 노란색 화살표를 찾기 힘들 정도다. 연일 계속되는 비에 힘들기는 하지만, 산티아고에 들어가기 전에 하나님께서 나를 정화시키기 위한 정결예식이라고 생각을 한다. 아직도 씻어내지 못한 것들을 씻어 날려버리라는 하나님의 뜻으로 받아들여 나 자신을 돌아본다. 무거운 짐을 벗고 진정으로 가벼워지기 위해서는 허물을 벗어야만 한다. 씻겨서 벗겨 내야만 한다고 생각했다. 빗물로 인해 길가 옆의 도랑이 차고 넘쳐서 길 자체가 수로가 되어버렸다. 신발이 젖지 않게 하려고 애를 쓴다. 낙엽에 덮혀 거무스름한 것이 돌덩이인줄 알고 발을 디뎠는데 소가 한 무더기 배설을 해 놓은 것이었다. 아뿔사! 짧은 외침과 함께 재빠르게 발을 빼서 흐르는 물에 씻고 털어버린다. 길은 멋지다. 간간히 지나가기 까다로운 구간이 나타나고 소똥이 복병으로 등장하기도 하지만 낙엽이 깔린 길은 서정적이고 낭만적이다. 자연을 창조하시고 작은 미물도 소중히 여기시는 하나님의 손길을 다시 한번 느낀다. 자연이든, 동물이든, 사람이든, 그 무엇이든 간에 상처를 주는 것은 좋지 않다. 어떻게 나의 손과 발, 그리고 입이 다른 사람의 마음과 육신에 상처를 주지

비에 젖은 길

유칼립투스 나무 숲길

않을 수 있을까, 그리고 그와는 반대로 치유하는 데 어떻게 도움이 될 수 있을까에 대해 생각하였다. 내가 하나님의 창조물을 찔러 아픔을 주면 나의 몸이 찔림을 당해 아프게 될 것이라는 생각이 들었다.

  2007년 1월 9일은 24일째로 까미노를 걷는 마지막 날이다. 산티아고까지 39km가 남아있다. 마음이 설레고 또 긴장해서인지 아르수아(Arzua)의 알베르게에서 5시에 잠이 깼다. 밖은 캄캄하고 일어나기에는 너무 이른 시각이다. 침대에 누운 채로 까미노를 걷도록 인도해 주신 하나님께 감사의 기도를 하고 지나온 길들을 떠올렸다. 특히 걸어오며 잠을 잤던 알베르게의 모습들을 하나 하나 되새겨 본다. 날마다 새로운 곳에서 잠자리를 마련해야만 했던 순례자의 길이 쉽지만은 않았다고 느껴졌다. 6시에 일어나 길 떠날 준비를 하였다. 나 이외에 알베르게에는 6명이 잤는데 모두 일찍 일어나 부산하게 움직인다. 아무래도 산티아고에 도착한다는 생각에 마음이 들뜰 수밖에 없을 것이다. 빵과 소시지, 요구르트, 과일로 아침을 든든하게 먹고 식량은 점심으로 먹을 것만 배낭에 넣고 나머지는 모두 알베르게에 남겨두고 길을 나섰다. 7시 반이어서 길은 아직 컴컴해 랜턴을 켜고 걷는다. 비는 오지 않지만 구름이 잔뜩 끼어 있다. 짙은 구름 사이로 달빛이 가끔 새어 나온다. 기온은 푸근한 것이 영상 10도 정도 되는 것 같다. 길은 질척이는 곳이 있긴 하지만 많이 말라 있다. 그래도 길바닥을 살피며 조심스럽게 진행한다. 유칼립투스 나무들이 곧게 뻗은 사이로 달빛이 뿌옇게 비치고 올빼미 우는 소리가 구성지게 들리기도 한다. 8시 반이 넘어서자 동쪽 하늘이 밝아오며 푸른 색 하늘이 늘어간다. 새들 지저귀는 소리가 맑다. 마을이나 집 앞을 지날 때마다 개들이 컹컹 짖어댄다. 길을 걸으며 지금까지 드렸던 기도를 정리해 본다. 용서, 치유, 회복, 자유에 관한 기도였다. 나에게 자비를 베풀어 달라고 기도를 하니 다시 눈물이 솟구친다. 하나님께서 당신의 스케줄대로 나를 움직이고 계시다는 확신이 들었다. 마지막 점심은 길에서 평화로운 마음으로 먹는다. 좋은 날씨를 위해 어젯밤에 기도한 덕에 날씨가 좋아지는가 싶더니 오후가 되더니 바람이 심하게 불고 하늘은 먹구름으로 덮혀있다. 산티아고까지 5.5km가 남은 몬테 도 고소(Monte do Gozo)의 언덕에 서서 산티아고를 바라볼 때 나도 모르게 눈물이 흘렀다. 하늘은 먹구름으로 덮

교황 요한 비오로 2세가 1993년에 방문한 것을 기념하기 위해 몬테 도 고소 언덕 위에 세운 조형물. 이곳에서 산티아고가 보이기 시작된다

혀 있는데 그 어둔 구름을 뚫고 비치는 빛나는 햇살을 본 순간 큰 감동이 밀려왔다. 세찬 바람과 두꺼운 먹구름으로 나를 몰고 가신 하나님께서 산티아고가 보이는 언덕에서 나에게 표적을 주시는 것 같았다. 먹구름을 뚫고 비치는 밝은 햇살을 보고 진정한 평화를 맛보았다. 이것이 하나의 해답이었으리라. 몸이 가벼워짐을 느낀다.

  길을 가며 보게 되는 일들은 그 지역에 사는 사람들의 일상적이고 평범한 모습이다. 그러나 길을 가는 사람에게는 일상적인 모습조차 새로운 의미로 다가 오기도 한다. 단순하지만, 순례의 길을 가는 나에게 있어 카미노를 마무리하는 것이라고 해석할 수 있는 모습을 놓치지 않고 지켜보게 되었다. 산티아고 시내의 접경을 지나 도시 분위기가 배어있는 잘 포장된 보도를 걸어가다 문어요리를 하는 카페를 발견했다. 산티아고가 있는 갈라시아 지방은 대서양 연안에 있어서인지 문어요리를 전문으로 하는 음식점이 제법 있다. 문어가 스페인어로 뿔뽀

먹구름이 낀 산티아고

먹구름 사이로 밝은 빛은 비치고

(pulpo)이기 때문에 문어요리 전문점을 뽈뽀와 카페테리아의 합성어인 '뽈뻬리아'라고 부른다. 문어를 삶아 다리를 먹기 좋게 자르고 올리브 기름과 붉은 고춧가루를 듬뿍 뿌려 두툼한 나무 접시에 담아준다. 나무로 된 이쑤시개를 사용하여 찍어먹는데, 그 맛이 일품이다. 바게트 빵과 함께 먹으면 한 끼 식사로도 넉넉하다. 휴식을 취할 겸 늦은 점심을 해결하기 위해 그 카페에 들어가 문어요리를 시켰다. 카페에는 점심때가 지난 시간이었지만 비교적 젊은 사람들이 많이 남아 떠들썩한 분위기로 차 있었다. 그때 나이가 지긋하고 부부로 여겨지는 두 노인이 천천히 카페 안으로 들어왔다. 남자는 지팡이를 짚고서도 거동이 불편하여 여자의 부축을 받아 자리에 조심스레 앉았다. 두 노인은 시끄러운 주위 분위기는 아랑곳하지 않고 조용히 음식만 먹을 뿐이었다. 아무런 얘기도 나누고 있지 않지만 나란히 옆에 앉아 손을 서로 마주 잡고 음식을 나누는 모습에 정감이 넘쳤다. 이토록 아름다울 수가! 인간관계에서 사랑이 강물처럼 흐를 때가 가장 아름다운 순간이 아닐까. 순례에서 사랑의 아름다움을 느끼는 순간 나도 모르게 눈물이 솟구쳤다. 이 땅에서 순례자와 같은 인생을 살아가면서 서로 사랑하며 아름답게 늙어간다는 것이 그 무엇보다 소중한

공원에 앉아 있는 노인들의 평화로운 모습

것임을 깨달았다. 카페에서 나와 산티아고 도심을 향하여 걷다 보니 길가의 작은 교회 앞에 사람들이 많이 몰려 있다. 교회 문은 열려 있고 교회 안에도 사람들이 가득한 가운데 어떤 행사를 진행하고 있다. 호기심에 문 앞에 서서 안내하는 청년에게 영어로 무슨 일이냐고 물으니 '장례식'을 거행하고 있다고 대답을 한다. 아, 그렇구나! 먼 길을 걸으며 순례를 한다고 하면서 중요한 명제 한 가지를 깊게 생각하지 못하고 왔다. 그것은 바로 죽음이었다. 순례의 결론은 죽음인데 그에 대한 성찰이 없었다. 카미노를 마무리하려는 순간 번개처럼 충격이 왔다. 순례의 끝이 죽음이라는 메시지를 하나님께서 주시고 계심을 깨달았다. 장례식장을 등지고 걸으며 또 다시 울 수밖에 없었다. 인생의 끝에서는 모든 것을 훌훌 털어버리고 가벼운 몸짓으로 떠나야만 한다는 것을 일러주시는 것 같았다.

오랜 기간 먼 길을 가는 것이 인생 여정과 비슷해서인지 몰라도 자신이 계획한대로 일정이 풀리는 것보다 자신의 생각이나 바람과는 달리 일정에 차질이 생기거나 방해요소가 생겨서 어쩔 수 없이 멈추고 한 발 물러서게 될 때 깨달음의 기회가 더 많이 생길 수 있다. 에베레스트를 향해 가는 첫날부터 계획과는 다른 일정을 보내야만 했다. 에베레스트에 접근하기 위해서는 비행기를 타고 가든지 버스를 타고 가서 일주일 정도 걸어가든지 하여야 한다. 대부분의 사람들이 택하는 방법으로 나도 비행기를 타고 루크라까지 가기로 하였다. 5천 미터가

카투만두 쉬엽부나트에 있는 부처의 눈

넘는 산들이 즐비한 산맥의 중턱 지점인 해발 2840미터에 있는 루크라의 비행장은 작은 기상의 변화에도 영향을 많이 받으며 기상 여건이 악화되면 경비행기들의 운항이 중지된다. 히말라야의 날씨는 변화가 심한데, 오전에 구름 한 점 없는 맑은 날씨도 정오가 지나면 태양 복사열에 의한 기온차로 발생하는 대류현상으로 오후에는 바람이 강하게 불고 구름이 끼는 것이 일반적인 현상이다. 해뜨기 전후가 바람이 없고 대기 상태가 온화한 편이라서 비행기들의 운항은 오전에 이루어진다. 악천후가 계속되어 오랜 동안 비행기 운항이 중단되면 군용헬기가 사람이나 물자를 수송하기도 한다. 카투만두에서 루크라까지는 경비행기로 약 30분이 걸리고 비행기에 탑승하면 프로펠러 엔진 소음으로부터 귀를 보호하라고 솜뭉치를 나누어준다. 네팔에는 10여개의 국내 항공사가 있으며 내가 예약한 예티(Yeti)항공사는 오전 7시와 8시 두 차례 루크라로 떠나는 비행기가 있다. 2008년 12월 17일, 카투만두의 중심지역인 터멜에 있는 숙소에서 새벽 5시에 일어나 촛불을 켜고(발전량이 부족해 제한 송전을 하기 때문에 정전이 자주 된다) 빵과 당근, 그리고 사과주스로 아침 요기를 하고 아침기도를 드린 후 공항에 도착하니 6시가 조금 넘었다. 새벽부터 안개가 자욱하게 껴

있다. 네팔 수도인 카투만두는 산으로 둘러싸인 분지에 위치하고 있어 대기의 흐름이 원활하지 못해 날이 푸근한 겨울에는 안개가 짙게 끼고 오래 지속된다. 출발시간이 다가오는데도 모니터 화면에는 지연되고 있다는 메시지만 나온다. 불안한 느낌이 들었다. 날이 밝았지만 공항은 짙은 안개에 갇혀 있다. 공항은 한국의 시골버스 터미널과 같은 분위기이다. 공항 건물 안으로 비둘기가 날아다닌다. 안개가 걷히기 시작하여 10시 30분에 배낭을 부치고 보딩 패스를 받아 대기실에 들어갔지만 비행기가 뜬다는 방송이나 알림은 없다. 아침 이른 시각에 루크라의 기상은 좋았지만 카투만두가 안개에 묻혀서 비행기가 꼼짝을 못했는데, 시간이 흘러 카투만두의 안개는 걷혔지만 이미 루크라의 기상은 나빠지고 있음에 틀림없었다. 난방시설이 없는 대기실에 가만히 앉아 기다림 속에 있으니 춥고, 새로운 소식이 들릴까 이리저리 눈치

쉬염부나트에서 본 카투만두

를 살피고 긴장한 가운데 어느덧 12시가 훌쩍 지나고 배가 몹시 고프다. 대기실 안에 있는 구멍가게 같은 편의점에서 구입한 초콜릿바와 물만 마시고 버티고 있는데 오후 2시 30분에 루크라행 비행기의 출발이 불가능하다는 방송이 나온다. 다음날 아침 7시 비행기로 다시 예약을 하고 배낭을 찾아 터멜의 숙소로 돌아왔다. 거의 열 시간 가량을 아무런 보람 없이 흘려보낸 것이다. 짜증과 함께 '하루를 공쳤구나!' 라는 허탈감이 몰려왔으나, 다른 한편으로는 하나님께서 멋진 메시지를 주시기 위해 준비하고 계신 것이 아닐까라는 호기심이 섞인 기대가 들기도 하였다. 여행자들의 거리인 터멜에서 때늦은 점심을 먹으며 허기진 배를 채우고 있을 때, 라마승(티베트 불교의 승려)이 신도 몇 명과 함께 식당에 들어와 담소를 하며 즐겁게 식사를 하는 모습에 눈길이 갔다. 네팔어로 주고받는 그들의 말을 알아들을 수는 없었지만 편하고 넉넉한 마음을 나누고 있다고 느꼈다. 라마승을 처음 본 것은 아니었으나 예전과는 다르게 승려의 존재에 대해 초점을 맞추고 생각을 하면서 헬레나 노르베리-호지(Helena Norberg-Hodge) 여사가 쓴 『오래된 미래 (Ancient Futures: Learning from Ladakh)』에

카투만두 거리

나오는 내용이 떠오르며 오버랩되었다. 그 책에 서술된 라다크는 인도 북부의 히말라야 산지에 있는 지역으로 오랜 동안 기계문명과 거리를 두고 자생적으로 살아왔다. 과거 한 때에는 실크로드가 지나는 지점이었지만 험난한 산악 지형으로 둘러싸인 탓에 외부로 연결되는 도로가 발달되지 못하였고 그나마 늦가을에서 봄까지는 폭설로 길이 폐쇄되어서 다른 지역과의 교류가 활발하지 않은 채 자체적으로 생활에 필요한 물품을 자급자족해 오던 곳으로 청정지역이라고 할 수 있다. 라다크의 중심 도시는 레(Leh)로서 17세기에 지은 티베트 왕궁이 있는 크기가 아담한 도시로 멀리 보이는 설산에 둘러싸여 있는 곳이다. 근래에 휴양지로 떠오른 이곳에서 나는 2005년 여름에 인도를 여행하는 도중 일주일 동안 머물기도 하였다. 레는 해발고도 삼천 오백 미터의 고산지대에 위치하고 여름에는 매우 건조하여 한여름에도 가을 분위기를 느끼게 하는 곳이다. 라다크 사회는 상호의존적인 공동체를 형성하여 구성원 모두가 서로를 배려하며 서로 뗄 수 없는 긴밀한 유대 관계를 간직하고 있다. 라다크에서 종교는 생활의 모든 면에 깊게 스며들어 있으며 사람들은 몹시 경건하다. 마을의 큰 길이나 집집마다 기도 깃발이 걸려있다. 빨강, 파랑, 초록, 노랑, 하양의 다섯 가지의 성스러운 색깔의 얇은 천에 불경을 찍어 줄에 매달아놓거나 장대에 걸어 세워놓았는데, 이것을 룽타(Lung Ta)나 타르초그(Tarchog)라고 한다. 불경의 진리가 바람을 타고 세상에 널리 퍼지도록 하기 위함이다. 승려들은 농사와 경조사에 관련되어 각 가정에서 행하는 의식들을 진행하고 축제일에는 의식과 기도를 행하며 공동체에 봉사한다. 승려들의 삶은 권위주의적이지 않고 마을 사람들 위에 군림하지도 않으며 개인의 이익을 위해 꾀를 부리지도 않는다. 승려들은 마을 공동체에 의해 부양되고, 이러한 승려들과 마을 사람들의 관계는 공동체 구성원 모두에게 보탬이 되며 그들의 문화적이고 정신적이며 종교적인 전통을 지탱해 나가는 힘이 된다. 건강하게 자유를 누리며 사는 라다크의 그런 승려들의 삶이 터멜의 저자거리에서 공동체 구성원과 함께 밥을 먹으며 맑게 웃는 라마승의 모습과 같다고 여기는 순간 하나의 깨달음이 몰려왔다. 그것은 신과 인간을 위한 봉사자(사제)는 당연히 놀고먹어야 하며 자기 힘으로 먹는 것을 해결하려고 하는 것은 바로 불경한 짓이 된다는 것이었다. 놀고먹는 것이 빈둥빈둥 게으름을 피우는 것이 아니라 자신의 본분인 기도와 경전 연구를 부지런히 하면서 그 외의 일에는 집착을 하지 말고 영적인 여유를 가져야 하는 것이다. 사제는 자기 힘으로 무엇인가를 만들어내어 성취하려는 존재가 아니라 신이 자신이 속한 공동체에서 일하고 계심을 드러내기 위해서 공동체와 어울려 살며 그 공동체를 위해 기도하는 존재가 되야 한다고 여겼다. 그런 생각이 오늘날 한국 개신교회의 상황에 이르자 인간 스스로의 힘으로 교회를 운영하려고 다양한 프로그램을 개발하여 사람들을 불러 모으려고 하는 것에 심각한 문제가 있음을 볼 수 있었다. 요즘 한국 개신교 목회자들은 교회를 부흥시키는 방법이 무엇일까 고민을 하며 'ㅇㅇ세미나'와 같은 이름을 붙인 모임에 발품을 팔며 적자생존의 세계에서 살아갈 방법론에 힘을 쏟고 있다. 목회자는 관리자와 경영자가 되어 수많은 신도를 거느리고 있어야 성공하였다고 자타의 평가를 받는다. 공동체는 실종된 지 이미 오래다. 영성을 강조하지만 이기심에 젖어있는 개인적인 열성만 있을 뿐 깊은 영혼의 성숙함은 사라져 버렸고 회칠한 무덤처럼 겉만 번지르르하다. 자본주의적이고 상업주의적인 논리가 지배적이어서 목회자도 비즈니스맨처럼 바쁘기 그지없다. 아무리 효율성을 중시하는 세상이라 하더라도 목회는 수치로 측량할 수 없는 생명과 영혼과 연관된 일이지 가시적 성과물을 목표로 하는 것은 아니다. 일의 결과는 살아서 일하시는 하나님의 손에 달린 것이라고 고백을 하면서도 그런 삶을 살지 못한다. 더욱 나쁜 모습은 결과가 좋을 때 목회자 자신의 능력으로 인한 것이라고 하며 개인을 드러내고 자랑하며 하나님을 대신해 군림하려는 것이다. 이제 한국의 개신교 목회자는 기도와 성경연구를 열심히 하고 그 외의 시간에는 설렁설렁 놀아야만 한다. 교인들과 함께 공동체 안에서 놀면 더없이 좋다. 그래야 교회와 목회자 모두가 건강해 질 수 있다. 답답하고 지루하게 시간을 보내며 하루를 소비한 것 같아 괜스레 화가 나기도 했으나, 하나님께서 히말라야에 입산하는 것을 당장 허락하시 않으시고 준비를 더 하라고 훈련시키는 것으로 생각하자 마음이 편해졌으며 그로 인해 평범한 저자거리에서 새로운 깨달음을 얻게 된 것이다.

히말라야의 청정한 산에서는 모든 것이 손에 잡힐 듯이 가깝게 보인다. 가시거리가 멀리 뻗어나간다. 오염물질이 끼어들지 않은 청명한 공기 때문이리라. 안나푸르나 베이스 캠프를 가는 길에 반드시 거쳐야 하는 곳이며 조망이 매우 좋은 지점인 촘롱(Chhomrong)이란 마을이 있다. 해발고도 2210m에 위치한 마을의 롯지 마당에 서서 보면 왼편에 안나푸르나 사우스((7219m)와 오른편에 마차푸차레(Machhapuchhare, 물고기의 꼬리라는 뜻, 6997m)가 선명하게 보이고, 그 사이에는 히운출리(Hiunchuli, 6441m)와 강가푸르나(Gangapuruna, 7454m), 안나푸르나 III(7555m), 그리고 간다르바출리(Gandharba Chuli, 6250m)의 장엄한 봉우리들의 위용이 한눈에 들어온다. 그러나 마치 그들 봉우리가 모두 롯지 마당 안에 다 들어와 서 있는 느낌이다. 촘롱으로부터의 직선거리로 10Km가 조금 넘는

촘롱의 롯지 인터내셔널 게스트 하우스

안나푸르나 사우스와 10Km가 채 안되는 히운출리는 왼손을 뻗으면 그들 봉우리에 있는 만년설을 움켜잡을 수 있을 것만 같다. 촘롱에서 베이스 캠프 방향으로 계곡 건너편에 있는 다음 마을인 시누아(Sinuwa, 2340m)에 가기 위해서는 수없이 많은 돌계단을 따라 계곡을 350미터 내려가 촘룽 콜라(Chhomrong Khola) 강에 놓여있는 출렁다리를 건너 다시 계단을 밟으며 올라와야 한다. 빠른 걸음으로 한 번도 쉬지 않고 열심히 걸어도 한 시간 반이 넘게 걸린다. 그런데 롯지 마당에서 건너편 마을인 시누아를 향해 국수 한 그릇 드시라고 부르면 앞집 아줌마가 수저를 들고 금방 나타날 것 같이 코앞에 보인다. 깨끗함이 가깝게 만들고 있었다.

높은 곳에 올라서면 걸어온 길이 한눈에 들어오고 또한 가야 할 곳이 보이기도 한다. 에베레스트의 고쿄 리(Gokyo Ri, 5483m)에 올랐을 때도 걸어 올라온 계곡길이 환히 보였고 다음 목적지인 에베레스트 베이스 캠프로 가는 방향과 길의 모양을 파악하고 거리를 어림짐작하며 쉽게 갈 수 있을 것이라고 생각했다. 얼핏 보면 큰 산 하나만 가까이에 있는 것 같았는데 실제로 걸으면서 다가가면 크고 작은 봉우리들이 겹겹으로 겹쳐있어 오르고 내리기를 수없이 반복하며 갈 수밖에 없었다. 거대한 히말라야가, 비록 가까이 보인다 해도, 함부로 행하지 말고, 속단하지 말고, 넘보지 못하게 한다. 그런 깨달음 속에 주님께서 나의 모든 것을 다스리고 평안케 하시기를 기도한다. 하늘은 구

고쿄 리에서 내려다 본 정경

름 한 점 없는 푸른색으로 마치 합성사진 같다. 이 엄청난 자연을 창조하신 하나님, 주님께서는 나의 오장육부도 지으셨다. 고산지대여서 숨이 가빠 소리내어 찬양할 수는 없어서 마음속으로 찬양을 한다. 작은 미물과 같은 나의 손을 잡고 인도하소서.

붙임글

저자는 신학교 선배이신 최완택 목사와 깊은 교류를 하고 많은 가르침을 받고 있으며 종종 산행에 동행하기도 한다. 산이 좋아 호(號)가 북산(北山)이신 최완택 목사는 히말라야를 마음의 고향으로 여기고 여러 차례 트레킹을 다녀왔으며 기회가 닿는 대로 히말라야에 가시길 원하는 분이다. 현재 민들레 교회에서 목회를 하고 계신 최완택 목사는 「기독교환경운동연대」의 이사장이시며, 「권정생 어린이 문화재단」의 이사장이시기도 하다. 저자가 히말라야 트레킹을 하며 최완택 목사에게 보낸 엽서의 글과 최완택 목사가 교회주보에 쓰신 세 편의 글을 소개한다.

저자가 히말라야에서 최완택 목사에게 보낸 엽서에 담긴 글

최목사님,
오늘 오후 12시 10분에 남체 바자르에 도착했습니다. 카투만두 공항에

아침 안개가 짙게 낀 덕분에 하루를 공항 대합실에서 보내고 어제 (루크라를 거쳐) 몬주에서 자고 오늘 남체에 올랐습니다.

날씨는 화창합니다. 한낮의 겨울 햇살이 따갑습니다. 왼편, 오른편 양쪽에 만년설을 얹고 눈부시게 빛나는 6천 미터 넘는 탐세르쿠와 광데의 봉우리가 버티고 있습니다.

착시와 착각 속에 빠져 헤어 나오지 못하는 세상에서, 신(神)을 향한 기도는 자신의 이데올로기의 관철을 위해 날카로운 발톱을 감춘 멋진 포장일 뿐이라고 생각을 합니다.

맑게 보고, 그리고 바르게 보기를 훈련하고 싶습니다. 그리고 본 대로 마음이 움직이기. 그리고 세상 소음을 넘어 세미하게 들리는 신(神)과 자연의 음성을 듣고 싶습니다.

좋은 새해를 맞이하시기 바랍니다.

      2008년 12월 19일 남체에서 남 호 올림

최목사님,

해가 바뀌었습니다. 에베레스트 지역을 돌고 오늘 저녁 늦게 카투만두에 돌아왔습니다.

이제는 지리(Jiri)에서 데우랄리까지 버스가 들어와 트레킹 하루 거리 정도를 줄여버렸습니다. 새벽 6시 20분에 (데우랄리에서) 떠난 버스는 돌투성이의 비포장길을 힘들게 달려 12시경 지리(Jiri)에 도착했습니다. 지리부터는 포장이 되어 있어서 비교적 빠른 속력을 냈지만 카투만두에 도착한 것은 저녁 8시 반입니다. 물론 당연하게, 그리고 예외없이 중간에 한 번 타이어가 펑크가 나서 고치느라고 시간을 보냈고 수렁에 빠져 뒷바퀴가 헛도는 바람에 승객들이 모두 내려 줄을 걸어 끌어내기도 했습니다. 어쨌든 데우랄리부터 카투만두까지, 그 사이에 있는 모든 산과 구름을 점검하면서 오는 듯한 비좁은 버스 안에서 훈련받는 시간이었습니다.

루크라의 옆길로부터 지리에 이르는 트레킹 길은 강원도 산맥의 몇 배 되는 산과 계곡을 오르내리는 아름다운 코스였습니다. 루크라-남체 등의 길에서 강하게 느껴오던 상업적 분위기는 사라지고 비교적 소박하다는 느낌을 받았습니다.

눈 덮힌 높은 봉우리에 쏠리던 눈이 평범하게 사는 네팔인과 눈 맞추게 되었습니다. 빨래를 말리기 위해 배낭에 달아놓은 한 켤레의 내 양말 속에 자신의 발을 담고 싶어하는 듯한 밭가는 젊은 청년의 연민의 눈동자를 보기도 했습니다.

며칠 전부터 '달밧'이 맛있어지기 시작했습니다. 어느덧 내가 네팔인이 된 것이 아닌가 하는 생각에 코끝이 찡해지기도 합니다. 모레 아침에 랑탕으로 떠납니다. 건강하세요.

2009년 1월 3일 카투만두에서 남 호 올림

*** 엽서 글에 대해 최완택 목사께서 주보에 쓴 추기(追記) - 남 호 목사는 12월 15일에 길을 떠나 에베레스트 지역의 트레킹 길을 모두 돌아

보고 랑탕과 코사인쿤더 길을 걸어서 카투만두에 이르고 1월 14일에 돌아왔다. 남 목사의 편지를 읽으면서 전에 내가 걸었던 길에 다시 감동하고, 앞으로 내가 걷고 싶은 루크라-지리 길을 사무치게 그리워하게 된다. "편지는 편지를 읽을 줄 아는 사람에게 보내는 사랑이다."

「민들레교회이야기」에 실린 최완택 목사의 글

[1] "가시거리(可視距離)에 대하여"
좀솜(Jomsom)에서 늦은 아침을 먹고 있는데 남쪽으로 열린 창 하나 가득 닐기리 북봉(Nilgiri North)이 들어왔다. 아침 햇빛을 잔뜩 받으면서 찬란하게 빛나고 있는, 만년설을 뒤집어쓰고 완강하게 이 세상을 거

닐기리 봉우리들

부하고 있는 듯한 이 히말(Himal은 산스크리트의 눈[Hima]과 거처[alaya]에서 나온 말로 네팔에서는 흔히 설산[雪山]을 가리키는 말임) 산에 우리 모두 압도되어 묵묵히 밥을 먹고 있는데 평소 말수가 적은 이종철 목사가 무거운 침묵을 깨고 입을 여는 것이었다.

"우리 아침 먹고 저 산에나 올라갔다가 올까요?"

그의 말에 우리는 함께 크게 웃었다. 나는 이종철이 북 닐기리 풍경에 깊이 감동해서 그냥 한번 해보는 말인 줄 뻔히 알면서도 짐짓 핀잔을 주었다.

"자네, 저 산이 얼마나 높은지나 알고 하는 말인가?"

우리가 시방 밥을 먹고 있는 좀솜은 표고가 2,710m이다. 그리고 좀솜에서 직선거리로 10Km쯤 떨어져 있는 북 닐기리는 표고가 7,061m이다. 그러니 좀솜을 평지로 본다면 좀솜 평지 위의 북 닐기리는 해발 약 4,300여 미터의 높은 산인 셈이다. 그런데 우리 눈에 좀솜에서 북 닐기리는 동네 앞산처럼 보일 뿐이다.

좀솜 한가운데를 북에서 남으로 흐르고 있는 칼리 간다키(Kali Gandaki) 강 건너 꽤 너른 벌판이 열려있고, 그 벌판이 끝나면 북 닐기리가 솟아있다. 그런데 이종철이 한 말은 그냥 저 혼자 해 본 말이 아니라 우리 모두의 눈에 과연 늦은 아침 먹고 천천히 걸어서 올라갔다가 해 안에 돌아올 수 있을 것만 같은 그런 산처럼 보였음을 대변한 말이었다.

흔히 비 온 뒤 아주 청명해진 날씨에 우리는 '가시거리가 멀다'고 말한다. 평소 같으면 잘 안 보이던 멀리 있는 산도 아주 가까이 와 있는 것처럼 보이고 모든 사물이 아름답게 빛나고 있음을 느끼게 된다.

가시거리(可視距離)란 '눈으로 볼 수 있는 거리'를 말하는데, 가시거리가 멀다고 말할 때는 나와 내가 바라보는 대상 사이의 공간이 아주 투명(透明)하다는 것을 뜻한다. 투명이란 말은 속까지 비치어 환하다는 말이지만, 이렇게 되려면 그 공간 안에 다른 불순물이 끼어있지 않아야 한다. 나와 너 사이의 공간에 거칠 것이 없어 이렇게 가시거리가 멀구나.

히말라야 트레킹을 다녀온 지 어언 사십여 일이 지났다. 그러나 히말라야를 바라보면 가시거리가 자꾸 멀어진다. 가시거리가 자꾸자꾸 멀어지는 히말라야를 바라보면서 시방 내 처심은 막말로 그냥 미치고 환장할 것만 같다. 그야말로 사무치는 그리움만이 깊어간다.

히말라야에서는 어디서나 나와 내가 바라보는 대상 사이의 공간이 투명하다. 히말라야에서 돌아오자마자 내가 쓴 간단한 소감 가운데 "하느님 창조의 원형(原型)을 보았다"는 구절과 "참으로 오랫동안 인간과 인간세상에게 속고 살아왔다는 분함을 참을 수 없었다"는 구절이 있다. 몇 사람이 내게 그 말의 뜻이 무엇이냐고 물어왔다. 나는 그냥 얼버무리고 말았는데, 설명이 길어질 것을 우려했고, 대체로 보지 않은 사람에게 본 사람의 설명이 설득력이 별로 없다고 생각하는 평소의 망설이는 버릇 때문이었다. 그런데 이제 말하겠다. '가시거리'가 바로 그 까닭이다.

그림을 그려 설명해 보겠다. 그대 앞 10Km 지점에 표고 4,300m의 산이 우뚝 서 있다고 하자. 표고 4,300m짜리 산이 얼마나 높은지 알겠는가? 그대가 평지에서 바라본 산이 어느 산인지? 북한산의 백운대, 인수봉, 만경대 세 봉우리를 일컬어 삼각산이라고 하는데 그걸 바라본 적은 있겠지? 그게 평균 800여 미터 높이니까 그걸 5개 쌓아놓고 그 위에 남산 하나 더 얹어놓고 쌍문동쯤에서 바라본다고 짐작하면 되겠지? 그대는 아마 그걸 계속 올려다 보다가 목이 삐뚤어지든지 현기증이 나서 쓰러질지도 모른다. 그런데 좀솜에서 바라본 닐기리 북봉은 동네 앞산처럼 보였다. 이 현상이 나를 아직도 미치게 하고 환장하게 하고 펄

사진 안인철 목사님 제공

쏘록~리에서 바라본 정경

쩍 뛰게 만들고 있는 것이다.

　서울 북한산을 아직 보지 못했다면 제주도 제주시에서 한라산을 바라보는 이야길 해보자. 한라산 높이가 표고 1,950m이다. 맑은 날 제주시에서 바라보는 한라산 모습이 꽤 대단하지? 그 한라산 자리에다 닐기리 북봉을 갖다 놓는다면 한라산 두 개를 포개놓고 그 위에 500여 미터짜리 산을 하나 더 얹어놓고 바라보는 것이 좀솜에서 닐기리 북봉을 바라보는 높이와 비슷하다. 계산으로는 이렇게 된다. 그런데 좀솜에서 바라본 닐기리 북봉은 그냥 동네 앞산처럼 아담하게 보였다. 늦은 아침 먹고 천천히 걸어서 해 안에 다녀올 수 있을 것만 같은 ….

　나는 보았다. 도시로부터 엿새 동안 꼬박 걸어 들어간 좀솜 히말에서는 대기건 풍경이건 사물이건 무엇이든지 간에 하느님이 한 처음에 창조한 원형이 거의 그 본래의 모습대로 보전되고 있음을 …. 그리고 오랫동안 인간과 인간세상이 오고 오는 후손들에게 심하게 더럽혀지고 파괴된 세상을 물려주고 있음을 깨닫고 내가 살아오는 동안에 내내 먼저 온 인간과 인간세상에게 속고 살아왔다는 생각 때문에 분하고 억울한 마음을 달랠 수가 없었다.

　히말라야를 바라보며 내가 안타까워하면서 우리 땅을 자꾸 생각하게 되는 것은, 도대체 그대와 나 사이에 그 무엇이 잔뜩 끼여 있기에 이렇게 가시거리가 제로(zero)에 가까운 세상이 되어버렸느냐는 것이다.

　그것은 물론 내가 피워 올린 것, 네가 피워 올린 것, 그리고 우리 모두가 피워 올린 오염물질이다. 하느님이 만드신 생명체 가운데 오로지 만물의 영장이라고 자칭하는 인간만이 오염물질을 하늘로 피워 올리고 있다. 그래서 마침내 자기 사는 세상의 모든 공간을 가시거리 제로지대로 만들어가고 있다. 멀지 않아 인간세상은 가시거리가 없기 때문에 망해버리고 말 것이다. 시방 내가 말하는 오염물질은 공해의 원인이 되는 산업 오염물질만을 두고 말하는 것이 아니라 그런 산업 오염물질들을

사진 안인철 목사님 제공

쏘롱-라에서 바라본 정경

발생시키는 인간들의 욕심과 오만 자체가 오염물질이라고 말하고 있는 것이다.

> 하느님 보시기에 세상은 너무나 썩어 있었다. 그야말로 무법천지가 되어 있었다. 하느님 보시기에 세상은 속속들이 썩어, 사람들이 하는 일이 땅 위에 냄새를 피우고 있었다. (창세기 6장 11-12절)

저 까마득한 선사시절 노아 때의 이야기이다. 하느님 보시기에 속속들이 썩어있어 그 피워 올리는 냄새 때문에 하느님이 견딜 수 없어 했던 그 냄새의 정체는 무엇일까?

그대, 시방 그대의 눈에 내가 보이는가? 하긴 나를 바라보고 있기나 한가? 한 때는 그대 눈에 내가 크고 밝게 보인 때도 있었지? 그대의 모든 사정을 털어 이야기하고 길을 물은 때도 있었지?

그런데 시방 내가 그대 이름을 안타깝게 부르며 그대를 바라보노라면 그대 모습이 아득하기만 하고 그대는 내가 부르는 소리가 안들리는지 어허, 외면까지 하는구먼? 도대체 그 무엇이 그대와 나 사이에 끼어있어 가시거리를 제로로 만들어 가고 있는 것일까? 나의 하늘은 이렇듯 맑은데 그대가 이고 있는 하늘이 흐려서일까? 아니면 그 반대일까?

아아, 나를 바라보는 그대의 눈 속에 내가 있고, 그대를 바라보는 나의 눈 속에 그대가 있다면 '가시거리'가 아무 문제가 없을 터인데 ….

누가 하늘을 보았다 하는가
누가 구름 한 송이 없이 맑은
하늘을 보았다 하는가.
네가 본 건, 먹구름
그걸 하늘로 알고
일생을 살아갔다.
네가 본 건, 지붕 덮은
쇠항아리,
그걸 하늘로 알고
일생을 살아갔다. (신동엽, "누가 하늘을 보았다 하는가"에서)

* * *

 위의 글은 2003년 4월 1일부터 10일까지 열흘 동안 안나푸르나 트레킹을 하고 돌아와서 쓴 글이다.

 지난 5년 동안 '가시거리(可視距離)'에 사로잡혀 살았다. 사람을 만날 때마다 말이 통할 것 같으면 히말라야의 가시거리를 이야기 해왔다. 내가 열을 내서 안타까운 표정으로 이야기하면 대부분이 고개를 끄떡거려 주었다. 그러면 나는 내 이야기가 제법 통한다고 대충 흡족해 하곤 했다. 그런데 그 사람과 헤어지고나면 잠시 후에, 그가 내 말을 제대로 알아들었을 리 없다고, 이 지루한 이야기꾼을 빨리 물리치기 위해서 고개를 끄덕거려 준 것이라고 느끼게 되면서 허전하게 되곤 했다.

두 번째로 히말라야 트레킹을 갔을 때는 그 트레킹의 반환점에서 나도 모르는 사이에 내 소감을 이렇게 적은 바 있다. "저 산으로 가자고 사람을 부르지 말자. 다만 저기 산이 있다고만 말하자." 나는 히말라야를 거닐고 돌아와서 사람을 만날 때마다 아주 두껍고 높고 강한 절벽을 느끼곤 했다.

이번 트레킹도 예외는 아니었다. 나는 이번 트레킹의 절정이라 할 수 있는 쏘롱-라(Thorong-La, 해발 5416m, 안나푸르나 일주 길에 있는, 장비 없이 걸어서 넘을 수 있는 세계에서 가장 높은 고개)를 넘기 전전날 밤에 내 소감을 이렇게 적었다. "맛보지 못한 사람에게 그 맛을 이야기하는 것은 매우 어려운 일이다. 이미 맛을 보고도 그 맛을 모르는 사람에게 그 맛을 이야기하는 것은 더욱 어려운 일이다." 그때까지 나는 이 말의 뜻이 무엇인지도 모르고 들리는 대로 적어두었다.

그리고 이틀 후 한 지점에 이르렀을 때 나는 '맛을 보고도 맛을 모르는 사람'이 다른 사람이 아닌 바로 나 자신임을 깨달았다. 아아, 이 시점에서 솔직하게 다시 말하는데, '맛을 보고도 맛을 모르는 사람'이 바로 나 자신임을 깨달은 것은 트레킹을 다녀와서 40일쯤 지난 어느 날 밤에 홀로 밤을 지새우다가 문득 깨달은 것이다.

빨리빨리 말하겠다. 트레킹 9일째 되는 날 새벽 5시에 일어나 조반을 조금 먹고 하이 캠프(High Camp, 4800m)를 떠났다. 여기까지 온 것만도 양 다리 고관절을 인공관절로 환치수술을 받은 나로서는 감사망극한 일이었다. 그래서 '아주 천천히 걸었다'. 그랬더니 '어느새' 백설애애한 쏘롱-라에 와 있는 것이었다. (사실은 하이 캠프에서 3시간 30분 걸렸고, 다른 사람들보다 30분쯤 늦게 거기에 이른 것이다.)

쏘롱-라에 이르자 사람들은 환호하면서 서로 껴안으며 인사하고 환하게 웃고 박수치고 그랬다. 지금까지 10여 일 동안 길에서 여러 번 만나기도 하고 같은 민박집에서 자면서도 데면데면하게 수인사 하던 사람들이 여기서 만나면 몇 십 년 만에 뜻밖에 만난 죽마고우처럼 서로 반기며 인사하는 것이었다.

그런데 나는 참 시시하다고 생각했다. 눈앞에 열려있는 풍경이 꽤 쓸쓸하게 느껴졌기 때문이었다. 아무것도 보이는 게 없었다. 그래서 찻집 위로 이어져 있는 조그만 언덕으로 올라갔다. 돌탑이 두어 개 있을 뿐 거기도 아무것도 없었다.

아니, 3-4Km쯤 떨어진 서남쪽에 카퉁 캉(Khatung Khang, 6486m) 봉과 남쪽에 시야 강 (Shya Gang, 6032m) 봉이 삐죽 두 귀처럼 솟아 있고 눈이 덮혀있으나 황량하기 그지없는 고원이 펼쳐져 있었다.

전라북도 진안에 있는 마이산에 가 본 일이 있는가? 주차장에서 내려 능선에 올라서면 해발이 680m쯤 되는 암마이산과 숫마이산이 말의 두 귀를 꼭 닮은 모습으로 우뚝하게 솟아있다. 특히 진안읍 쪽에서 보면 영락없는 말의 두 귀다. 그런데 웅장하기가 이를 데 없다. 그런데 진안읍도 이미 해발 300m가 넘는 고장이니 마이산의 두 봉우리와 해발 높이 차이는 읍내에서 400m쯤 되고 주차장에서 바로 올라간 능선은 이미 500m가 넘으니 고도 차이가 200m 내외인데 마이산 두 귀 봉우리가 아주 웅장하게 보이고 바라보는 이들을 압도하는 모습이다.

그런데 쏘롱-라에서 보는 카퉁 캉과 시야 강은 쏘롱-라와 해발로 각

사진 안인철 목사님 제공

쏘롱라 가는 길

기 1100m, 600m씩 차이가 나는데도 좀 심하게 말하자면 귀를 조금 나들다가 붙여놓은 형국처럼 느껴졌다. 충청도 말을 빌려 '개갈 안나는' 풍경이었다. ('개갈 안난다'는 충청도 말은 대충 '성에 차지 않는다'는 뜻이다. 흡족하지 않을 때 쓰는 말이다.)

그래도 백설애애한 황량하기 그지없는 고원 위로 벽공(碧空), 푸른 하늘은 더할 나위 없이 공활(空豁)했다. (공활은 '텅 비고 매우 넓다'는 뜻이다. 애국가에 나오는 "가을 하늘 공활한데.") 나는 이 풍경을 안고 쓸쓸한 심정으로 언덕 반대쪽 묵티나트(Muktinath, 3800m)로 내려가는 가파른 오솔길로 이내 접어들었다.

이번 트레킹에 동행한 딸 신명에게 얼마 전에 쏘롱-라 소감을 물었더니 하는 말이, "허전했어요. '뭔가 더 있어야 하는데…' 하는 심정이었어요."

쏘롱 패디 롯지   하이 캠프

안나푸르나 트레킹을 하고 돌아와서 나는 꽤 오랫동안 히말라야의 가시거리를 자꾸자꾸 응시했다. 그랬더니 차츰차츰 단순히 무공해의 공간, 하느님 창조의 원형 같은 투명한 공간만이 히말라야의 가시거리를 이루는 요소의 다가 아니라는 걸 느껴가게 되었다.

아아, 70여일이 지나서 한 빛이 쏘롱-라 그 벽공에서 느닷없이 내게로 비쳐왔다.

그렇다. 그 공활(空豁)한 벽공(碧空)! 그것은 무한(無限)이고, 영원이고, 하느님 당신 자신이었다. 배경(背景)이 무한이고, 영원이고, 하느님 자신인데 그 배경 앞에 서 있는 만년 설산 봉우리들이 한없이 귀엽고 단아(端雅)한 봉우리로 보일 수밖에 달리 길이 없지 않겠는가?

그렇다. 눈이 열리니 쏘롱-라 그 언덕에서 바라본 그 두 봉우리, 카퉁 캉과 시야 강은 귀를 조금 만들다가 말고 그냥 붙여놓은 '개갈 안나

사진 안인철 목사님 제공   사진 안인철 목사님 제공

쏘롱-라 가는 길   쏘롱-라에서 기념사진. 최원택 목사, 딸, 안인철 목사 (좌로부터)

는 풍경'이 아니라 이 세상에서 두 번 다시 볼 수 없는 가장 아름답고 단아한 풍경이 되었다.

아 --, 배경(背景)이 열쇠였다! 무한이고 영원이고 하느님이 배경이라면 사람이고 산이고 어떤 사물이든지간에 어찌 아니 아름답고 단아하지 않겠는가.

아 --, 시방 나는 천기(天機)를 누설하고 있구나. 그 앞에 선 자만이 감히 호흡을 덜덜 떨며 말할 수 없이 감동하게 되는 법이거늘 ….

아 --, 나는 하느님 앞에서, 무한 앞에서, 영원 앞에서 더할 나위 없는 아이라! 예언자들도 그 앞에 서면 관 벗고 옷 벗고 스스로 창조 때 온 아이로 돌아갔지 ….

아 --, 내 주 예수, 나의 선생님도 게쎄마니 그 언덕에서 하느님을 '아빠, 아버지'로 부르면서 덜덜 떨었지!

아아, 나는 내가 거기서 아주 작은 아이라는 걸 알게 되었다는 상투적인 언사는 결코 쓰지 않겠다. 나는 그저 한없이 떨고 있을 뿐이다.

아아, 나는 히말라야 쏘롱-라 언덕에서 마침내 무한과 영원을 보고 하느님을 보았도다. 더 이상 말할 수 없구나.

다만, 만일에 그대가 나더러, "나를 그 언덕에 좀 데리고 가 달라"고 사정한다면 만사 제쳐놓고 앞장서겠다. 그러나 그대더러 함께 가자고는 말 못 하겠다. 이 경지에 이르기까지 꼬박 5년이 걸렸다. 떨리고 떨려 더 이상 쓸 수가 없어 중동무이하게 되었다.

추기(追記)

　사람이고 사물이고 행실이고 역사이고 간에 오염되지 않고 파괴되지 않은 채 무한, 영원, 하느님을 배경으로 있는 존재를 볼 수만 있다면 얼마나 선하고 아름답고 감동하고 흥분하겠는가. 그러나 이 세상천지에서 어디서 그런 존재를 만날 수 있겠는가.

　　　　닦아라, 사람들아
　　　　네 마음 속 구름
　　　　찢어라, 사람들아,
　　　　네 머리 덮은 쇠항아리.
　　　　아침 저녁
　　　　네 마음 속 구름을 닦고
　　　　티없이 맑은 영원의 하늘.
　　　　볼 수 있는 사람은
　　　　외경(畏敬)을 알리라. (신동엽, "누가 하늘을 보았다 하는가"에서)

　아, 나는 쏘롱-라 그 언덕에서 마침내 하늘을 보았다. 나는, '마침내 내가 하늘을 본 그 언덕'에서 무릎을 꿇기 위하여 다시 순례의 길을 떠나게 될 것이다. 사람들아, 순례의 유일한 목적은 하늘을 보는 것이다.
　　　　　　　　　　　　　　(2008년 6월 15일, 제 641호 주보)

[2] "오, 베시 사하르!"

 이제부터 내가 하는 이야기는 두서(頭緖)가 없을 것이다. 이 풍경 속에 있은 지가 어느새 70여일이 지났지만 나는 아직 흥분 상태에 있기 때문이다. 나는 아직껏 시시때때로 그 버스 안에 앉아 있다. 그리고 그 아이를 바라보고 있다.

 나는 그 아이를 카투만두 뉴 버스 파크에서 처음 보았다. 뉴 버스 파크는 네팔 카투만두에서 지방으로 나가는 로컬 버스 터미널이다.

 안나푸르나 일주 트레킹을 하기 위한 등산용품이 들어있는 우리의 카고백을 포터들이 베시 사하르(Besi-Sahar)로 가는 중형 버스의 지붕에 올릴 때(네팔 버스에서는 큰 짐을 대개 버스 지붕에 짐을 고정시키기 위해 설치되어 있는 난간 안에 올리게 된다. 짐을 난간에 묶는 줄은 없다.) 열 살쯤 먹었음직한 그 아이가 다람쥐처럼 날쌔게 버스 지붕 위로 올라가는 것을 보았다. 그때 나는 동네 장난꾼 아이가 호기심으로 그러는 것이라고 짐작했다. 그런데 그 아이는 우리 포터들이 올린 카고백 두 개를 질질 끌어서 난간 옆에 잘 고정시키려고 애쓰고 있었다. 그때까지도 나는 그 아이를 장난꾼 아이치곤 유난스러운 데가 좀 있는 아이라고 보아넘기고 있었다. 그리고 그 아이가 우리 짐을 자꾸 만지고 있는 게 불안해서 짐에서 좀 떨어져 주었으면 하는 생각을 하다가 그 아이에게 뭐라고 말을 할 뻔 했다.

08시 40분에 출발하기로 된 버스였는데 운전수는 09시가 다 되어서야 시동을 걸었다. 그런데 그 아이는 차에서 내리지 않고 이번에는 버스 문에 매달려 있는 것이었다. 터미널을 떠난 버스는 터미널 주변이 온통 네팔리(네팔사람)들로 북적거리고 있어서 꽤 긴 시간이 지나서 마침내 길에 들어섰지만 좀처럼 속력을 낼 수 없었다.

이번에 네 번째로 히말라야 트레킹을 간 것인데 갈 때마다 생각하게 되는 것은, 네팔리들은 별로 하는 일 없이 다 거리에 나와 있는 것이 아닐까 할 만큼 베시 사하르 가는 길가에는 사람들이 차고 넘쳐서 버스가 앞으로 나가기가 힘들었다.

그런데 버스 문에 매달려 있던 그 아이가 그 네팔리들을 향해 소리치기 시작했다.

"오, 베시 사하르, 베시 사하르, 베시 사하 ――!"

그때까지도 나는 그 아이가 장난으로 그러는 거라고 생각했다. 아마 버스가 터미널 동네를 벗어나게 되면, 그래서 길이 뻥 뚫리게 되면 동전 몇 푼 받고 내릴 거라고 생각했다. 그런데 그 아이는 버스가 북적대는 네팔리 인파를 뚫고 꽤 많이 나갔는데, 이제 터미널 동네는 완전히 벗어난 것 같은데 버스 문에 매달려 여전히 외치고 있었다.

"오, 베시 사하르, 베시 사하르, 베시 사하 ――!"

가끔 사람들이 손을 들고 버스를 향해 달려왔고 그러면 버스는 아무데서나 서서 사람들을 태웠다.

그런데 그냥 '베시 사하르' 하면 됐지 앞에 '오!'는 무엇인가? '오!'

라고 말할 때 말끝을 살짝 올리는 감탄형으로 아이는 외치고 있었다. 그리고 베시 사하르를 세 번 외치는데 세 번째 베시 사하르는 그냥 베시 사하르라고 말하지 않고 '베시 사하!'라고 '르' 발음을 안하고 끝을 오므리면서 감탄하는 것이었다.

내가 듣기에는 이 아이는 호객을 하기 위해서 '베시 사하르'를 낭랑한 목소리로 외치는데, 마지못해서 하는 것이 아니라 아주 재미 들려서, 조금 말을 보태면 신들려서 외치고 있는 것이었다.

"오, 베시 사하르, 베시 사하르, 베시 사하!"

베시 사하르는 어떤 동네일까?

베시 사하르는 우리나라로 치면 설악산의 설악동이나 용대리, 지리산의 백무동 같은 역할을 하는 산마을로 안나푸르나 일주 트레킹의 시발점으로 카투만두에서 대략 180Km쯤 되는 지점에 있다. 길이 좀 험해서 카투만두를 떠나 두 번 쉬고 점심 먹고 가는데 6시간쯤 걸린다. 오늘은 베시 사하르를 10Km쯤 앞두고 선거운동하는 사람들이 길을 막고

유세하는 바람에 거기서 쉬고 가느라고 7시간쯤 걸렸다. 베시 사하르는 별난 동네가 아니라 안나푸르나 트레킹을 시작하는 지점에 있는 마을일 뿐이다.

그런데 그 아이는 7시간 동안 내내 차문에 매달려 가다가 지나가는 사람을 보면 결코 지치지도 않고 아주 낭랑한 목소리로 '오, 베시 사하르'를 외치는 것이었다. 어느새 나는 이 아이에게 감동하여 나도 모르게 '오, 베시 사하르'를 외치고 있었다.

아아, 그날 나는 베시 사하르 가기 전에 이미 베시 사하르에 있었고, 종당에 나 자신이 베시 사하르가 되어 버리고 말았다. 그 아이가 내 안에 들어와 버리고 만 것이다. 그리고 그 아이가 외치는 '베시 사하르'는 그냥 '베시 사하르'가 아니라 샹그릴라[Shangrila, James Hilton의 소

베시사하르에 도착한 버스   베시사하르 거리

설 『잃어버린 지평선(Lost Horizon)』에 나오는 히말라야 어딘가에 있다는 비경. 불로불사(不老不死)의 비경]로 들려왔다. 그만큼 그 아이가 '오, 베시 사하르!'를 외칠 때 자기 자신이 깊이 감동하여 외치고 있었고 그 소리를 듣는 사람은 가던 길을 멈추고 그 버스를 타지 않으면 안 될 것 같은 간절함이 배어있는 부름이었다.

아아, 내 평생에 어떤 이름을 베시 사하르 가는 그 버스의 어린 소년처럼 간절하게, 그윽하게, 소망에 가득차서, 그리움으로, 감동을 주는 목소리로 불러보았던가. 어떤 이름을 그 아이처럼 부른다면 어찌 그 이름의 존재가 화답하지 않고 견딜 수 있겠는가. 어찌 그 소리 듣고 달려오지 않고 견딜 수 있겠는가.

오후 4시가 다 되어 베시 사하르 입구에서 내렸는데 버스는 더 이상 가지 않았다. 그리고 이제는 베시 사하르가 안나푸르나 트레킹을 시작하는 마을이 아니라 거기서 걸어서 하루 한나절쯤 더 가는 샹게(Syange, 해발 1130m)까지 차가 들어갈 수 있게 길이 열려서 지프를 타고 들어갔다. (지난 1월에 남호 박사가 안나푸르나 일주 트레킹을 다녀올 때는 불부레[Bhulbhule, 850m]까지 차를 타고 들어갔는데 불과 2개월만에 하룻길을 더 들어가게 된 것이다.) 이제 베시 사하르는 안나푸르나 일주 트레킹의 시발점이 아니라 자동차 경유지일 뿐이다. 그러나 아직 정기노선 버스는 베시 사하르가 종점이다.

아아, 하느님의 창조의 원형인 성지 히말라야는 급격하게 빠른 속도로 무너져 내리고 있었다. 네팔리들이 하는 말이 한 2년쯤 지나면 마낭(Manang, 해발 3540m)까지 도로가 열려 차가 들어가게 될 것이라고 한다. 안나푸르나 일주 코스의 서쪽 종점인 묵티나트(Muktinath, 해발 3800m)까지는 이미 차가 다니고 있다. 그러니 이제 2-3년 후면 마낭까지 차를 타고 가서 2박 3일이면 세계에서 가장 높은 고개인 쏘룽-라(Thorong-La, 해발 5416m)를 걸어서 넘을 수 있게 된다는 것이다. 시방 세계의 지붕 히말라야에서 안나푸르나 지역은 사정없이 파괴되고 오염되고 있다.

버스에서 내려 나는 한동안 발걸음을 옮기지 못하고 그 아이를 바라보고 있었다. 무슨 말이라도 하고 싶었고 볼펜 한 개라도 주고 싶었다. 그러나, 그래서는 안될 것 같았다. 그렇게 하면 이미 내 안에 들어와 있는 그 아이가 나가 버릴 것만 같았다. 한동안 그 아이를 바라보다가 어쩔 수 없이 일행과 함께 상계로 가는 지프를 타기 위하여 발걸음을 옮겼다. 그런데 그 아이는 자꾸자꾸 "오, 베시 사하르, 베시 사하르, 베시 사하!"를 소리 치면서 내 뒤를 따라 오는 것이었다. 아니, 그 소리는 내 안에서 나는 소리였다.

어느새 그 아이와 헤어진 지 70여일이 되었다. 그런데 날이 가면 갈수록 그 아이의 목소리가 귀에 쟁쟁하다.
"오, 베시 사하르, 베시 사하르, 베시 사하!"

아아, 아무래도 나는 다시 일어나 베시 사하르에 가야 하겠다. 가야 할 명분이 좀 좋은가. 이제 2-3년 후면 두 번 다시 못 볼 하느님의 창조의 원형을 맛보러 가는 것은 만사 제쳐놓고 해야 할 일이다. 얼마나 멋진 말이냐? 그러나 그것보다도 먼저 해야 할 일이 하나 있다. 내 안에 들어와서 틈나는 대로 자꾸자꾸 이렇게 말하는 그 아이의 말대로 나도 소리쳐야 한다. "당신도 불러야 할 그 이름을 나처럼 불러 보세요."

아아, '부르다가 내가 죽을 이름이여!'

(2008년 6월 1일, 제 640호 주보)

[3] "나는 가시거리가 아주 먼 별에서 왔다"

첫새벽 3시경에 가시거리가 아주 먼 별 하나가 사뭇 떨고 있다. 그 별을 보는 순간에 나도 모르게, "나는 가시거리가 아주 먼 저 별에서 왔다"고 소리내 혼자 말하고 말았다.

저 별에서 나한테까지 거리가 얼마나 될까? '광년(光年)'은 천체와 천체 사이의 거리를 나타내는 단위인데 1광년은 초속 30만 Km의 속도로 1년 동안 나아가는 거리이다. 계산하면 9조 4670억 7782만 Km이다. 이 거리를 지구상에서 한번 재 본다면? 아마 재 보다가 지쳐서 지구촌을 떠나게 되겠지?

그 별은 시방 내가 머물고 있는 롯지(Lodge: 트레커들을 위한 민박집) 마당의 동남쪽 하늘 위에서 밝게 빛나며 심하게 떨고 있었다. 학교에서 배운대로라면 저렇게 심하게 떨고 있는 별은 이미 소멸된 것인데, 가시거리가 먼 저 별에서 별빛이 몇 광년 걸려 나한테까지 오느라고 아직 저기서 저렇게 떨며 빛나고 있는 것처럼 보이는 게 아닐까. 그 순간 내 온 몸과 마음이 그리고 영혼이 심하게 떨려왔다.
아아, 이 새벽은 내 생애 가운데 가장 엄숙한 순간이다.

시방 내가 서서 저 이름모를 별을 바라보고 있는 랑탕 히말(Langtang Himal)의 Changtang(속명은 라마 호텔, Lama Hotel)이라는 곳은 롯지가 5-6개 있는, 산줄기로 빙 둘러싸여 있는 골짜기의 아주 조그만 분지이다.

Changtang에서 우리 일행이 머문 롯지는 마당이 제법 넓다. 그게 마음에 들어 랑탕으로 올라갈 때 그 롯지에 들었고, 그때 우리는 산줄기로 빙 둘러싸여 있는 그 롯지 마당에서 새벽에 별을 보며 즐거웠다. 올라갈 때는 음력으로 보름이어서 휘영청 달이 밝게 비추어서 저녁에는 별을 보기 어려웠으나 새벽에는 롯지 마을을 둘러싸고 있는 산줄기 너머로 달이 졌기에 별 하늘을 감상할 수 있었다.

랑탕에서 내려올 때는 다른 롯지에 들고 싶었지만 방을 구할 수 없어서 그 롯지에 다시 들게 되었다. 그런데 그 밤에 아주 하찮은 일로 인해 내가 롯지 주인 내외에게 두어 시간 동안 화를 냈다. (내가 화를 낸 하찮은 일에 대해서는 너무 부끄러워 말을 못끄겠다. 굳이 따지자면 내가 옳다. 그러나 그런 하찮은 일로 그렇게 심하게 화를 낸 건 참 잘못되었다. 아무튼 그때 나는 몹시 화가 나 있었다.) 그러다가 화풀이도 못하고 피로에 몰려 어설프게 잠들었다가 서너 시간 자고 깨어나 밖에 나왔는데 그 별을 만난 것이다. 하현달이 이미 서족 산줄기를 넘어갔기에 그 첫새벽에 산줄기로 둘러싸인 롯지 마당 어두운 하늘에는 별들이 신명나게 빛나고 있었다.

> 무슨 일을 하든지 불평을 하거나 다투지 마십시오, 그리하여 여러분은 나무랄 데 없는 순결한 사람이 되어 이 악하고 비뚤어진 세상에서 하느님의 흠 없는 자녀가 되어 하늘을 비추는 별들처럼 빛을 내십시오.
> (필립비 2장 14-15절, 공동번역)

평생 빛을 품고 산다고 자부해온 내가 이 세상에서 가장 깊고 아름다운 고장을 순례하면서 아주 하찮은 일로 심하게 화를 냈고, 그 화를 미처 풀지 못하고 피로에 몰려 잠자리에 들었다가 첫새벽에 일어나 밖에 나왔더니 그 별이 그렇게 심하게 오돌오돌 떨면서 자기의 빛을 내게 정면으로 비쳐주었다.

그 순간 나는 심하게 부끄러워졌다. 그래서 나는 그 별빛을 깊이 들이마셨고 이어 숨을 힘껏 내쉬면서 내 속의 화 기운을 힘껏 내몰았다.

호흡(呼吸, 숨을 내쉬고 들이마심)을 한 것이 아니라 흡호(吸呼, 숨을 들이마시고 내쉼)를 한 것이다. 이 순간, 한 이야기가 생각났다.

짐 포리스트는 틱낫한이 미국에서 순회강연을 할 때 있었던 사건 하나를 기억하고 있다. 그가 미국 사람들에게 베트남에서 벌어지는 살생을 끝내야 할 필요성을 얘기하고 있는데 청중 가운데서 성이 잔뜩 난 사람 하나가 소리를 질렀다. "당신이 그렇게도 베트남 인민을 걱정한다면 지금 여기서 무엇을 하고 있는 거요?" 틱낫한은 똑같이 화를 내며 대답할 수 있었지만 그러지 않았다. 그 대신, 한참 동안 말을 않고 있다가, 자기가 여기 있는 까닭은 이곳에 전쟁의 뿌리가 있기 때문이라고 대답한 다음, 서둘러 강당을 떠났다. 포리스트는 그의 뒤를 따라가서 어떻게 하고 있는지를 보았다. 마치 깊은 물속에 들어갔다가 겨우 수면 위로 헤엄쳐 올라온 사람처럼 헐떡거리며 숨을 쉬고 있었다. 그는 성난 청중의 말을 듣고 너무나도 화가 났다. 그러나 그 자리에서 화를 내며 맞받아치는 대신에 다른 장소로 가서 심호흡(深呼吸)을 했다. 깊은 호흡으로 자신을 회복할 시간을 가졌던 것이다. 내 눈에는 그 사건이야말로 틱낫한의 인간성, 그의 취약함, 그리고 무지와 증오로 말미암은 폭력 앞에서도 마음의 평정을 유지하기 위한 끊임없는 노력을 잘 보여주는 사건이다. (로버트 H. 킹 지음, 이현주 옮김. 『토머스 머튼과 틱낫한』)

나는 이 글을 『오늘 하루: 이현주의 생각 나눔』(삼인출판사)에서 베졌다. 이 책은 내가 히말라야 순례길을 가기 직전에 이 목사가 보내줘서 대강대강 뒤적거리다가 이 글이 눈에 뜨여서 감동했던 것이다. 자기가 번역한 글을 자기가 인용할 때는 스스로 깊이 감동했을 터이다. 이 책을 순례길에서 읽으려고 가방에 넣었다가, 이 이야기만 머리에 넣고 가서 살아보자고 했으나 깜빡 깜빡 잊고 여러 번 화를 내고 말았다.

이 세상에서 가장 엄숙한 시간인 히말라야 순례길에, 아주 하찮은 일로 심하게 화를 내고 자기 화에 취해서 어설프게 잠들었다가 첫새벽에 문득 잠에서 깨어 밖에 나갔더니, 나의 아버지 하느님께서 가시거리가 아주 먼 별 하나를 내게 비춰 주셨다. 그 순간 나는 얼떨결에 그 별빛을 들이마셨고 그 기운으로 이내 숨을 내쉬면서 내 안의 화 기운을 내몰았다.

아아, 그 순간 온 하늘의 별들은 영롱하게 빛나고 있었고 내 시성과 영성은 착해졌다. 히말라야 순례길은 바로 이런 길이다.

이른 아침에 그 롯지를 떠나면서 나는 그 롯지 주인에게 악수를 청했고, 안주인에게는 쪼코렛 몇 개를 건네면서 랑탕 히말에 다시 트레킹을 오게 되면 이 집으로 오겠다고 말했다. 그랬더니 그들의 얼굴이 아주 환해졌다.

히말라야에서 돌아오자마자 나는 서둘러 히말라야 순례길을 복기(復棋)해 보았다. (복기-바둑에서, 한 번 두고 난 바둑의 판국을 돌이켜 보기 위해 두었던 대로 다시 처음부터 놓아 봄. 달리 용어가 생각나지 않아, 내가 걸은 히말라야 순례길을 다시 살펴보는 일에 이 말을 써 본다.)

그런데 이 별빛을 다시 만난 것은 히말라야에서 돌아온 지 열흘째 되는 날이었다. 좀 늦긴 했지만 이 별빛을 다시 보게 된 것은 얼마나 다행스러운 일이고 얼마나 고마운 일인가!
인생 순례길도 찬찬히 복기해 보면 가장 형편없고 아주 힘들었던 순간에 비춰 온, 가시거리 아주 먼 별빛을 보았던 그 순간을 새롭게 맛볼 수 있을 것이다.

복되어라, 가시거리 아주 먼 별빛을 본 자여. 그 별빛 들이마시고 자기의 부끄러운 순간을 내쉰 행보는 이제 '이 악하고 비뚤어진' 세상에서 아름다운 발자취가 되어 오돌오돌 떨면서 빛을 내는도다. 나는 가시거리가 아주 먼 별에서 왔다!

(2008년 11월 30일, 제 646호 주보)

참탕(라마호텔)의 모습

안나푸르나 베이스캠프에서 바라본 모습

6.
자유

길

걷는 것은 인간을 자유롭게 한다. 그리고 걷는 것은 자유로워야만 한다. 걷는다는 것은 물건을 사고팔거나 사업상의 일을 처리하기 위해 관계를 유지하거나 얽매여 있는 것과 전혀 다른 차원의 삶이다. 자신이 기꺼이 원해서 걷는 길이 아니거나, 가령 군대에서의 행군처럼 의무적으로 걷는 경우를 제외하면, 길을 걸어간다는 것 자체에는 자유함이 깃들어 있다. 살고 있는 동네의 길이나 공원을 걸으며 산책하는 것도 마음의 여유를 가져다준다. 집의 울타리를 벗어나 둘레를 잠깐 걷는 것조차도 흥분된 감정을 가라앉혀 주는 것은 물론이고 다시금 진지하게 생각하도록 도와준다. 산책을 즐겨하였던 장 자크 루소(Jean Jacques Rousseau)는 걷는 것이 생각에 생명을 더 해주고 활기있게 해 줌을 강조하며 그의 책 『고독한 산책자의 몽상』에서 산책을 통하여 "가장 게으른 무위(無爲)에 몰두 할 수 있었다"고 역설하고 있다. 또한 그는 "동요와 중단이 따르지 않는 알맞은 단순한 운동이 필요하다. 운동이 없으면 삶은 혼수상태와 같다."고 하며 살아있음을 느끼는 데 있어서 산책이 절대 필요함을 강조하고 있다.

그러나 신체의 질병이나 장애로 인해 마음대로 밖으로 나서지 못하고 집안에만 머물러 있어야만 하는 것은 참으로 안타까운 일이다. 다른 한편, 신체적 장애가 없음에도 불구하고 길을 자유롭게 걷지 못하는 것은 불행한 일이다. 아무리 호화스러운 별장이나 으리으리한 대저택에 살고 있다 할지라도 길이 주는 자유를 맛보지 못하는 사람은 불행하다고 할 수 있다. 어쩔 수 없이 궁궐에만 머무를 수밖에 없었던 옛 역사 속의 왕들도 예외는 아닐 것이다. 조선 제22대 왕인 정조(正祖, 1752-1800)가 1795년 아홉 살 손위인 외삼촌 홍낙임에게 보낸 편지의 사연을 보면 자유롭게 길을 떠나지 못함에 대한 아픔이 드러나 있다. "도봉산의 빼어난 산수는 경기 일원에서 으뜸입니다. 내가 세손

겨우살이가 가지에 붙어 만들어낸 놀라운 풍경

으로 있을 때 때때로 몰래 대궐을 빠져나와 유람할 때는 외삼촌과 함께 다니곤 했지요. 이제 와 돌이켜보면 전생의 일처럼 까마득할 뿐, 그런 놀이를 다시는 하지 못합니다." 1777년에 즉위한 정조는 왕이 되기 전 젊은 시절 궁궐이라는 틀을 벗어나서 자유롭게 산수를 즐길 수 있던 때를 사무치게 그리워하고 있다. 신분이 왕이고 궁궐 안에 아무리 넓고 잘 가꾸어진 정원을 가지고 있다고 해도 자유롭게 길을 떠나지 못한다면 감옥에 있는 것이나 다름없다. 길을 걷는다는 것은 자유를 만끽하는 것이다. 특히 먼 길을 걸어가게 될 때에는 더욱 강한 자유의 운동력 속에 잠겨서 자유의 본질과 대면하게 될 것이다.

길에 깃들인 자유의 매력에 빠지기 위해서는 자신을 가볍게 해야만 한다. 베르나르 올리비에도 『나는 걷는다』에서 "먼 길의 흔적을 더듬어가려면 기존에 자신이 알던 모든 것을 벗어버리고 가볍게 가야 한다는 것이다. 즉 최소한 우리 모두에게는 떠남이 운명이라는 것, 그리고 언젠가는 우리가 모든 걸 벗어버려야 한다는 것."을 알아야 한다고 일러주고 있다. 심지어 문명의 이기라고 하며 모든 현대인에게 있어서 필수적인 휴대전화와 인터넷을 사용하지 않음으로 휴대전화와 인터넷의 노예 상태에서 벗어나서 그 동안 일상생활에 매몰되어 느끼지 못했던 자유를 맛보게 된다. 걸어가는 길에 집중할 수 있게 되고 길의 신비를 체험하게 된다. 길을 가는 것은 사사로운 일상의 주변 환경에서 벗어나는 것뿐만 아니라 자신의 몸에 배어있던 욕망과 집착으로부터 벗어나는 것을 뜻한다. 길을 떠남은 어느 한 장소와 어느 한 순간만을 고집하는 것에서 벗어나는 것을 의미한다. 틱낫한은 『어디에 있든 자유로우라』에서 다음과 같은 가르침을 주고 있다. "그대가 지금 이 순간에 살아있고 발걸음을 옮기고 있음을 느끼는 것은 하나의 기적이다. 9세기의 유명한 선승인 임제 선사는 '기적이란 물 위를 걷는 것이 아니라 땅 위를 걷는 것'이라고 말했다. 모든 사람들이 땅 위를 걷지만, 대부분의 사람들은 전혀 자유롭지 않게 노예처럼 걷는다. 그들은 미래나 과거에 붙잡혀서 자신들의 삶이 있는 지금 이 순간에 살 수 없다." 길을 걷는 것이 어떤 목적을 이루려는 방편이나 수단이 될 때는 자유의 빛깔은 퇴색되고 자유의 에너지는 날아가 버린다. 마라톤을 즐기는 사람들에게 많이 알려진 용어로 '러너스 하이(Runner's High)'라는 말이 있다. 달리는 사람의 쾌감을 뜻하는 이 용어는 체내에서 분비되는 엔도르핀과 관계가 있는 증상으로 달리는 동안 행복감이나 절정감을 맛보게 된다는 것이다. 달리는 사람에 따라 느끼는 양상과 정도가 달라 정확하게 어떠한 상태인지 규정하기 어렵지만 몸이 매우 가벼운 기분이 들며 뛰는 것이 힘들지 않은 경지에 들어간 것이라고 할 수 있으며 20분 이상 중간 이상의 강도(強度)로 뛰었을 때 나타난다고 한다. 내가 경험한 바로는 뛸 때마다 항상 느끼는 것은 아니지만 최대 속도의 80% 정도로 계속 뛰면서 5Km를 지났을 때 나타난다. 달리는 데 힘이 들지 않고 숨이 차지 않으며 어느새 2-3Km가 지나갔음을 알게 된다. 그런 현상이 나타날 때는 호흡과 나의 몸의 움직임이 일치되었을 경우였다. 즉 달리기의 기본 동작인 두 발을 번갈아

내딛는 것과 두 팔을 가볍게 앞뒤로 휘젓는 것이 규칙적인 리듬을 가지고 숨을 내쉬고 들이마시는 리듬과 일치할 때이며, 그리고 억지로 움직이는 것이 아니라 나의 의식과 상관없이 자연스럽게 움직이고 있을 때였다. 비교적 빠르게 달리고 있지만 느낌은 한 마디로 '편했다'. 내가 달리는 것 자체에 몰입해 있어서 나 자신을 잊어버려서 가능한 것이라고 생각한다. 그러다가 다른 주자가 나를 추월하거나 길에 돌발적인 일이 일어나, 나 자신의 달리기에 몰입해 있던 평정의 상태와 마음을 깨뜨리게 되면 숨이 거칠어지거나 몸이 무거워 짐을 느끼게 된다. 뛰는 것 자체를 사랑하고 즐기게 되면 힘들지 않고 몸과 마음이 가볍다. 그것이 참된 자유의 모습이다. 크리스토퍼 맥두걸(Christopher McDougall)이 『본 투 런(Born To Run)』에서 묘사하는 마라토너의 모습도 마찬가지이다. 장거리 달리기에 신화적인 종족으로 멕시코의 코퍼 캐년(Copper Canyons)의 거친 황무지에서 살아가는 타라우마라(Tarahumara) 인디언을 찾아 나선 저자가 그들이 달리기를 잘하는 이유를 육체적인 조건이 아니라 그들이 열정과 사랑을 갖고 즐기며 뛰는 것에 있음을 발견한다. 진정한 자유인은 열정과 사랑을 갖고 기쁨이 흘러넘쳐 살아가는 사람이다. 길을 가는 사람 또한 자유인이다.

  길을 걷는 사람은 세상에서 받았던 원한과 분노를 훌훌 떨쳐버리고 세상을 가벼운 마음으로 살아갈 수 있게 된다. 그런 모습은 기도를 하며 하나님께 다가가 빛을 보고 빛 가운데 사는 것과 다르지 않다. 달리 말해 걷는 다는 것은 절대자인 하나님과 교류하면서 세상과 교류하고 또 자기 자신과 교류하여 자유함을 누리는 것이다. 세실 가데프는 『걷기의 기적』에서 "걷기의 철학은 맹목적으로 전진하는 데 있는 것이 아니다. 걷는 이는 남들로부터 공간적이고 시간적인 거리를 유지하고, 자유롭게 그들에게 다가가거나 멀어질 수 있다. 걷기에는 멈출 수 있는 자유, 타인을 만날 자유, 그로부터 멀어질 자유가 있으며, 그 본질에는 항상 신을 향해 나아가려는 의지가 숨어있다."고 하며 길에 담긴 자유의 본질을 이야기 하고 있다. 그러면서 그는 "인간의 마지막 피난처인 걷기는 자유의 익명성과 가능성을 회복하는 행위이다. 걷는다는 것은 '물질적인 효용성을 중시하여 시간의 낭비는 비생산적이라고 여기는' 오늘날의 삶과는 다소 어울리지 않는 특별한 사치를 누리는 것이다"라고 하며 걷는 것을 통해 얻게 되는 미덕을 극찬하고 있다.

길을 걷는 동안 지치거나 힘들고 고통에 아파하는 순간이 언제나 있지만 그런 순간의 연속 속에서 평화로움과 기쁨을 누리는 시간도 항상 뒤따른다. 그리고 하늘을 향해 두 손을 높이 쳐들고 마음속으로 크게 외친다. "아, 나는 자유다." 걷는 것의 경이로움이 일상의 기적을 만들어내고 있었다. 그것은 몸과 영혼의 자유였다. 베르나르 올리비에는 『나는 걷는다』에서 "거의 모든 종교에서 순례의 전통이 궁극적으로 추구하는 것은 몸의 단련을 통해 영혼을 고양하는 일이다. 발은 땅을 딛고 있지만 머리는 신에게 가까이 가 있다고나 할까. ... 홀로 외로이 걷는 여행은 자기 자신을 직면하게 만들고, 육체의 제약에서 그리고 주어진 환경 속에서 안락하게 사고하던 스스로를 해방시킨다. 순례자들은 아주 긴 도보여행을 마친 후에 예외 없이 변모된 자신의 모습을 느낀다. 자신의 일부를 만났기 때문이다."라고 자신의 경험을 통해 얻은 깨달음을 적고 있다.

까미노의 길을 걸으면서 소박한 시골 길의 작은 것을 통해서도 나타나는 하나님의 손길을 느끼며 "여호와를 경외함으로 섬기고 떨며 즐거워할지어다"(시편 2:11)라는 고백이 저절로 나온다. 평범한 길이지만 신비한 기운이 강력하게 넘쳐나는 것을 느낄 때가 많다. 부르고스에서 레온에 이르는 메세타 평원의 길이 그랬고, 갈리시아(Galicia) 지방의 나무 숲길을 지날 때도 그랬다. 산티아고까지

낙엽이 깔린 길

115km 남은 사르리아(Sarria)는 제법 규모가 큰 도시다. 사르리아 도심지를 지나는 길에 어느 한 교회 앞 벽에 순례자들의 모습을 크게 그려놨는데 참으로 인상적이었다. 사르리아 끝자락에 있는 언덕을 오르고 수도원을 지나 내리막길을 내려와 작은 개울에 놓여있는 고풍스러운 다리를 건너자 길의 분위기가 갑자기 바뀐다. 울창한 나무들로 인해 도시의 모습은 사라지고 호젓한 산 속의 오솔길을 걷는 기분이다. 낙엽이 자욱이 깔린 길이 속도를 염두에 두고 빠르게 걸으려고 하던 나의 생각을 붙들어 천천히 호흡하며 걷게 만든다. 기도와 명상하며 걷기에 좋은 길이고 매우 아름다운 길이다. 영적인 깊이가 느껴진다. 이 길을 오래 전부터 지나간 수많은 사람들, 특히 그 가운데 신앙심이 깊은 사람들이 느꼈을 영의 깊고 위대함을 나도 똑같이 느껴보고자 했다. 주님의 거룩한 영이 그 순례자들의 영을 맑고 깊게 만들었듯이 나의 영 또한 그렇게 되길 기도했다. "주여, 나의 믿음 없음을 도와주소서." 걷는 길이 참으로 평안하다. 바로 옆에 주님이 계신 양 이런저런 말로 기도하며 걷는

사르리아

다. '저 광활한 대지와 그 위에 자라는 풀들, 그리고 나무들과 떠있는 구름을 보라. 하나님의 손길 안에 있는 것이다. 그러니 너무 염려하지 말아라'고 말씀하시는 듯하다. 나의 옆에 아주 가까이 계신 듯이 느껴진다. 날갯짓을 하듯 발걸음을 가볍게 옮기며 모든 분노와 원망, 탐욕, 그리고 염려로부터 완전한 자유를 얻을 수 있게 되기를 기도한다. 박제가 되어버리는 삶이 아니라 진정한 자유를 얻어 훨훨 날 수 있는 삶이 되기를 기도한다.

카미노를 걷고 산티아고에 진입했음을 알려주는 표지석을 지나칠 때, 상상했던 것만큼이나 흥분되거나 격정적이지 않았다. 아마 오랜 시일 동안 길 위에서 큰 경험을 하고 훈련을 받은 결과로서 당연한 일이라고 생각해서 그런지도 모른다. 혹은 길과 내가 하나가 되어 주객의 분리가 일어나지 않아 나 스스로가 길의 모습처럼 묵묵히 흘러가게 된 것인지도 모른다. 그러나 몸과 마음은 한없이 가벼웠다. 그것은 마치 마라톤 풀코스를 완주하고 벌렁 누워 하늘을 보았을 때 하늘이 높아 보이고 떠 있는

벽에 그려진 순례자들 그림과 그 교회

구름이 매우 가볍게 보이는 것과 같았다. 그리고 그 가벼움은 온 몸이 나른해지는 것과 같은 평안함과 안도감으로 연결되었다. 누구나 무거운 짐을 지고 있다가 벗어버렸을 때의 시원하고 홀가분함을 경험해 보아서 그 기분을 잘 알고 있다. 학창시절 어려운 과제물을 제출하고 난 후라든지 학기말 시험이 끝난 후 후련하고, 남자일 경우 군 복무를 무사히 마치고 전역할 때 시원하고, 병석에서 고열로 신음하고 아픔으로 보내다가 몸이 회복이 되어 바깥 바람을 쐬었을 때 상큼한 것 등 주어진 임무나 과제를 수행했을 때, 어쩔 수 없이 닥친 힘든 상황을 버티어 이겨나갔을 때 날아갈 듯 경쾌하다. 그것은 자유의 다른 느낌일 것이다. 무거운 짐으로부터 벗어난 것이 자유의 한 모습이다. 외부로부터 주어져 선택의 여지없이 받아들여야 하는 의무와는 달리, 스스로가 의미있는 일을 설정하고 그 목표를 향해 나가 성취하는 경우도 많다. 그런 때에는 더 없이 기쁘다. 카미노를 끝까지 걸어 마치는 것은 나 스스로에게 부과한 의무와도 같은 것이었다. 하나님과 함께 하며 내가 선택한 의무를 다 마쳤을 때 가슴에 밀려오는 뿌듯함이 있었다. 높이 날아올라간 듯한 기분, 그리고 높은 곳에서 멀리 내려다보는 듯한 기분은 자유를 느끼게 해 주는 것이었다. 목적지에 도착했을 때 겉으로는 무덤덤한 것 같지만, 먼 길을 걸어오며 차곡차곡 쌓였던 것들이, 마치 필터를 거쳐 정화된 맑은 물이 차고 넘치는 것처럼 마음속에서 울렁거리며 솟구쳐 오른다. 그리고 얼굴에 웃음을 머금고 지으며 속으로 외친다. "아! 자유다!" 진정한 자유는 어떤 속박에서 벗어났다고 소리를 지르며 광란에 빠지는 것이 아니라 조용히 미소를 지으며 자신을 꿰뚫어보고 삶을 관조하는 것이 아닐까. 자유의 감격은 영원하지 않아, 삶의 파도에 휩쓸리다 보면 다시금 마음이 거칠어져 진정 자유롭지 못하게 된다. 그러나 길을 걷고 난 후 얼마 동안은 스펀지가 물을 빨아들이듯 주변에 벌어지는 작은 일에도 감격하고 감사하며 즐거운 가운데 영혼은 하늘을 자유롭게 누빈다. 오래도록 이 자유를 누리고 싶다.

걷는 것은 움직임이고 행동하는 것이기 때문에 책상 앞에 앉아 자료를 분석하고 통계를 내거나 어느 한 문제에 대해 심사숙고하는 것과는 달리 상상의 날개를 맘대로 펼칠 수 있으며 길 주변으로부터 영향이나 자극을 받아 다양한 생각을 자유롭게 할 수 있다. 생각이 반드시 논리적이어야 할 필요도 없다. 생각이 꼬리에 꼬리를 물고 떠올라 처음 생각했던 것과는 직접적으로 관계가 없는 다른 것에 빠져들어가기도 한다. 몽상을 할 수도 있고 꿈을 꿀 수도 있다. 길을 걷는 것은 몸 자체가 움직이며 주변과 접촉하는 현실인 동시에 미지의 세계와 자유의 세계를 마음껏 그려보는 꿈인 것이다. 히말라야의 산길을 걸으면 꿈 속을 거니는 것 같은 느낌을 받을 때가 많다. 투명함으로 깊게 젖어 있는 푸른색의 하늘을 바라보는 것이 꿈과 같으며 아침과 저녁 햇살을 받아 붉게 타오르는 설산을 보는 것은 신비로운 환상에 푹 빠져있는 것 같다. 설산과 푸른 하늘 사이를 바람을 타고 맘껏 휘저으며 자유로운 보행을 하는 구름을 보고 있노라면 나의 마음도 가볍게 떠올라 기쁨의 탄식이 나도 모르게 튀어나온다. 꿈속에서 누군가로부터 반짝반짝 빛나는 은 동전을 받듯이 경이로운 기분이다. 몰아(沒我)의 상태이고 물아일체(物我一體)의 지경이라고나 할까. 『장자(莊子)』에 나오는 '호접몽(胡蝶夢)'이 떠올랐다. "예전에 나는 나비가 된 꿈을 꾼 적이 있다. 그때 나는 기꺼이 날아다니는 나비였다. 아주 즐거울 뿐이었다. 그리고 자기가 장주(莊周)임을 조금도 자각하지 못하였다. 그러나 갑자기 꿈에서 깬 순간 분명히 나는 장주가 되었다. 대체, 장주가 나비가 된 꿈을 꾸었던 것일까, 아니면 나비가 장주가 된 꿈을 꾸고 있는 것일까."

길에서 누리는 자유는 꿈꾸는 것을 허락하고 분노의 감정을 잊게 하여 나를 편하게 만든다. 고쿄 리와 칼라파타르를 거쳐 남체로 내려오는 길에 딩보체(Dingboche)에서 임자 콜라(Imja Khola) 강을 따라 다시 올라가 추쿵(Chhukung, 4730m)에 들렀다. 임자 체(Imja

임자체(아일랜드 피크)

Tse, 영어 지명은 아일랜드 피크, Island Peak, 6189m)의 멋진 모습이 한 눈에 들어온다. 임자 체 베이스캠프에 다녀오는 길에 작은 빛을 보았다. 추쿵에서 임자 체 가는 길의 초반부는 칼날 같은 능선을 지난다. 양면이 깎아지른 듯한 벼랑 끝의 길로 오금이 저릴 정도로 아찔하며 등산 스틱을 잡은 양손에 나도 모르게 힘이 들어가며 땀이 난다. 몹시 조심해야 하면서도 자유에 대한 영감이 충일한 곳이라고 느꼈다. 진정한 자유는 그만큼 조심해야 하고 위험한 것이리라. 야크 한 마리가 가쁜 숨을 몰아쉬며 건너고 있는 다리를 보면서도 새삼 생각을 다시 하게 된다. 냇물에 놓인 다리가 무엇이든 건네주고 묵묵히 그 자리에 있음을 주목하면서

임자체(아일랜드 피크)

추쿵에서 임자체 오가는 길

야크 한 마리가 다리를 건너고 있다.

진정 자유를 누리는 자의 모습이 그래야 하지 않을까 하는 생각이 들었다. 임자 체를 정면으로 대면하고 혼자 넓은 벌판에 서 있을 때 번개 같은 불꽃이 나의 머리를 스치고 지나갔다. 고산지대에서는 산소가 부족해서인지 행동에 질서가 없고(예를 들어 배낭을 꾸릴 때 체계적이지 못하다) 깜빡하는 경향이 있는 것 같다. 달리 말해 잘 잊어버리고 기억을 잘 못하는 것 같다. 그런 현상이 단점이 아니라 장점으로 작용할 수 있다는 깨달음이 스치고 지나간 것이다. 이런 고산지대에 있을 때 지금까지 가졌던 분노와 좋지 않았던 기억들, 불편했던 사람들에 대한 인식 등을 모두 잊어버리게 할 수 있다는 기대가 생겼으며 그렇게 될 수 있도록 기도하게 되었다. 그렇게 되는 것이 참 자유의 모습이 아닐까. 눈물이 흘렀다. 자유를 찾는 자에게 주어지는 눈물이었다. 그리고 모순되는지는 모르지만 좋은 사람들에 대한 기억은 잊지 않고 잘 간직하게 해 달라고 기도했다.

에베레스트가 있는 쿰부 지역에서 2주가 지나고 루크라로부터 지리를 향해 가고 있던 중간에 눈탈라(Nhuntala)에서 점심을 먹었는데 그 순간부터 네팔의 전통 음식인 달밧이 맛이 있다는 생각이 들었다. 다른 나라를 여행할 때 지금까지 경험이 없고 익숙하지 않은 그 지역의 전통 음식에 푹 빠지는 것은 쉽지 않다. 안나푸르나에 이어 히말라야 트레킹을 두 번째

눈탈라 모습

아마다블람 모습

하고 있지만 전통 음식에 적응하기가 만만하지 않았다. 살아가기 위한 생존의 방법일 뿐이었지 그 음식의 맛이 좋고 매력적이라는 생각은 들지 않았다. 그런데 달밧이 맛있고 그 밥에서 나는 냄새가 마치 한국의 누룽지에서 나는 것과 같이 구수하다고 느껴졌다. 아, 내가 네팔인이 되어 가고 있는 것은 아닐까 하는 생각이 들며 그렇게 나와 그들의 구분이 없는 것이 진정한 자유의 모습이라고 여기니 코끝이 또 한번 찡해져 온다. 산을 통해 훈련하시는 하나님의 빛을 본 것이다. 나는 위대한 등반가인 라인홀트 메스너(Reinhold Messner)가 쓴 글의 도움을 받아 그의 생각과 거의 같은 나의 느낌을 펼치고 싶다. 그는 세계 최초로 에베레스트를 산소통을 사용하지 않고 등정한 후 낭가파르바트(8125m)를 산소통 없이 단독 등반하였으며 세계최초로 히말라야

걷는 기도 _ 6 자유   251

안나푸르나 베이스캠프에서 바라본 안나푸르나 I

8000미터 급 14좌를 완등한 사람이다. 그는 낭가파르바트를 단독등반하고 나서 펴낸 『검은 고독 흰 고독(Die Weisse Einsamkeit)』에서 산을 오르는 이유를 제시한다. "나는 철학과 도덕의 굴레에서 나 자신을 해방시키고자 했다. 논리적 명제로 줄줄이 이어진 것만이 자기 발견의 길은 아니다. 나에게 있어 단독등반은 체험의 가능성이며 구체적인 인생과 세계를 제공할 것이다. 이런 생각이 들자 나는 노래를 부르고 춤추며 웃고 싶었다." 계속하여 그는 구도자와 같은 모습으로 자신을 산에서 새롭게 태어난 자유인으로 선언한다. "나는 세상의 모든 것을 등지고 혼자 오르는 게 아니다. 이렇게 여기 앉아 있으면 나는 산의 일부가 된다. … 나는 여기 쌓여 있는 눈과 바위와 구름의 감정을 함께 가지고 있다. 더 이상 철학이 필요 없다. 이곳에서는 모든 것을 이해하고 죽음까지도 이해하게 되니까. 나는 산을 정복하려고 이곳에 온 게 아니다. 또 영웅이 되어 돌아가기 위해서도 아니다. 나는 두려움을 통해서 이 세계를 새롭게 알고 싶고 느끼고 싶다. … 고독이 더 이상 파멸을 의미하지 않는다. 이 고독 속에서 분명 나는 새로운 자신을 얻게 되었다. 고독이 정녕 이토록 달라질 수 있단 말인가. 지난날 그렇게도 슬프던 이별이 이제는 눈부신 자유를 뜻한다는 걸 알았다."

나는 그저 주님의 용서를 간구하며 길을 걸을 뿐이었다. 맑게 보기, 그리고 바르게 보기를 훈련하리라고 마음먹었던 길이었다. 본대로 마음이 움직이기, 그리고 세상 소음을 넘어 세미하게 들리는 신과 자연의 깊은 음성을 듣기에 힘 쏟으리라는 것이 길을 떠나는 나의 바람이었고, 그 바람은 자유인으로 살아가기를 바라는 강렬한 소망이기도 했다.

걷는다는 것은 소망한다는 것과 같은 의미를 지닌다. 우리는 참으로 편하게 하나님을 믿고 있는지 모른다. 또는 참 편한 하나님을 믿고 있는지 모른다. 힘들고 고통이 있을지 모르지만 길에 나서고 기도를 함으로써 영원하신 하나님을 만나고 진정한 삶을 살아야 한다. 그것이 아름답고 건강한 삶이다. 잭 커크(Jack Kirk)는 미국 크로스

컨트리 달리기에 있어서 전설적인 인물로, 1930년부터 95세였던 2002년까지 매년 캘리포니아 주에서 열리는 '딥시 레이스(Dipsea Race, 1905년에 창설된 대회로 미국에서 보스톤 마라톤 다음으로 오래된 역사를 지니고 있다)'에 빠짐없이 계속 참가하여 완주하였다. 게

안나푸르나 베이스캠프에서 바라본 안나푸르나 I

다가 그는 1951년과 60세였던 1967년에 그 경주에서 우승을 하기도 하여 '딥시데몬(Dipsea Demon, 딥시의 귀재)'이란 별명을 갖고 있기도 하다. 2007년 100세의 나이로 타계한 그가 "늙어지면 달리지 못하는 것이 아니라, 달리지 않으면 늙어진다"라는 명언을 남겼는데, 나는 그의 말을 활용해 '늙으면 걷지 못하는 것이 아니라, 걷지 않으면 늙어진다'고 말하고 싶다. 걷지 않으면 몸뿐만 아니라 영혼도 함께 늙어간다. 몸과 영혼을 움직여 생기있게 하기 위해서는 기도와 함께 걸어야 할 필요가 있다. 기도하면서 걸어야 하고, 걸으면서 기도해야 한다.

그리고 그 기도는 "우리에게 평화를 주십시오"라는 것이 되어야 한다. 그러면 서로를 용서하며 살아가게 될 것이다.